DISRUPTONS
LA **DÉMOCRATIE**

Éditeur : Éditions Giroflée, 2019
Marque éditoriale de Médiatrice asbl
N° entreprise : 0644.465.624

Déclaration de l'auteur : « Je porte l'entière responsabilité des écrits de cet essai. Ma responsabilité est cependant limitée à l'ensemble des recettes de cet essai moins les charges que j'ai dû encourir »

ISBN : 978-2-9602348-0-0 (version papier)
ISBN : 978-2-9602348-1-7 (version électronique)

Dépôt légal : Bibliothèque royale Albert Ier à Bruxelles ;

Contribution éditoriale : Patrick Bartholomé
Maquette : Carine Thurion
Email auteur : fabrice@lebmi.eu

Disruptons la démocratie

Manifeste
de la démocratie citoyenne

FABRICE **LEBRUN**

À Laurence, Lina, Tim et Emmy.
À toute ma famille et mes amis.
À tous ceux qui espèrent qu'un autre monde est possible.

Sommaire

1

Préambule

En Belgique, 9 % des citoyens sont satisfaits des partis politiques et 12 % le sont du Parlement (NOI, 2016).

Imaginons que le monde politique soit un produit, dans un marché. Quel produit résisterait dans un marché avec seulement 9 % de taux de satisfaction ? Aucun.

Le produit serait changé, interverti avec un autre, il serait « challengé » par un nouvel entrant.

Cela ne semble pas être le cas et la machine politique enrayée continue, profitant de sa position « monopolistique ». Et là, répondant à l'appel de Stéphane Hessel (Hessel, 2010), j'ai envie de m'indigner.

Démocratie vient des mots grecs *dêmos*, le peuple, et *kratos*, le pouvoir ; donc la démocratie est le « pouvoir par le peuple ».

Sommes-nous dans un système où le pouvoir est détenu par le peuple ?

Sommes-nous en démocratie ?

En avez-vous l'impression ?

Le problème n'est finalement pas dans le terme « démocratie », mais dans son caractère détourné. Quand le pouvoir est détenu par un petit nombre, nous sommes techniquement dans une *oligarchie* de *oligos*, peu et *archein*, commander. On nous fait croire que notre système est une démocratie mais, dans les faits, mathématiquement parlant, c'est bel et bien une oligarchie.

Dans le cadre de la politique, inlassablement, on a l'impression que rien ne change, que les riches deviennent plus riches, les pauvres plus pauvres et que les « décisions » sont toujours les mêmes.

Les décisions deviennent également très technocratiques, illisibles, nébuleuses. La plupart des citoyens ne comprennent rien, ou presque rien, aux décisions prises, et ce de l'ouvrier de production à l'universitaire.

L'émergence d'une *caste* politique exaspère également : on devient politicien de père en fils, comme les rois, non plus sur le mérite, mais sur la filiation. Il faut absolument appartenir à un parti pour pouvoir servir le bien commun, se mettre dans un moule, alors que l'on est tous si différents. La politique devient un métier, il faut être un professionnel des lois pour les comprendre.

La corruption émerge aussi : l'affaire Publifin en Belgique, l'affaire Fillon en France… il ne faut pas aller bien loin pour trouver que les intérêts individuels priment très souvent sur la volonté générale.

Si on parle de politique, de la chose commune, la plupart des gens vont vous rétorquer que cela ne sert à rien, que les dés sont pipés, que quoi qu'ils votent, le résultat sera le même.

Mais si on ne fait rien, et que tout le monde en a marre, que va-t-il se passer ? Ce que nous voyons maintenant : la montée de populismes, de gauche ou de droite ? Que ce soit très à gauche (communisme…), ou très à droite (fascisme, nazisme…), on a déjà essayé et force est de constater que ces réactions populistes n'ont pas donné de solution heureuse par le passé et qu'elles ont mené aux pires heures de l'histoire contemporaine.

Y a-t-il une faible lueur d'espérance dans ce sombre décor ?

J'ai l'espoir de dire oui, d'y croire, d'essayer d'apporter une solution au désordre.

J'aimerais que l'on « disrupte » le système.

« Disrupter », qui vient de l'anglais *disrupt*, signifie « innover de manière radicale un marché », apporter une autre valeur, se mettre au-dessus du système et en imaginer un autre, une nouvelle manière de voir les choses. Donc je souhaite *disrupter* la démocratie. Un peu à la manière d'Uber dans le monde des taxis, d'Airbnb dans le monde de l'hôtellerie, il doit y avoir une autre manière de voir la politique et de gérer le bien commun.

Finalement, dans les politiques, qu'elles soient de gauche ou de droite, rien n'est fondamentalement mauvais (sauf sur certaines extrémités). Ce qui est important, c'est que les politiques menées reflètent l'intérêt général et non pas des intérêts plus confidentiels.

Cet essai se veut une première ébauche de *disruption* de la démocratie. Une sorte d'appel à idées. Il se concentre en premier lieu sur le local, dans un souci de démarche *bottom-up* c'est-à-dire tester les idées à moindre échelle avant de passer à une échelle plus importante.

Mon souhait est de compiler à l'avenir plusieurs versions, d'intégrer les idées de tous et toutes, et de trouver le nouveau système, le bon système, celui qui respectera la volonté de tous, celui qui permettra de réunir et d'intégrer chacun afin que tous s'y retrouvent.

Naïf, stupide? Peut-être un peu, peut-être pas du tout.

De toute manière, je ne suis plus à l'aise avec le monde dans lequel je vis, et surtout le monde que je vais transmettre à mes enfants. J'ai envie de bouger et surtout que cela bouge, voilà la raison fondamentale de ce livre.

Le tout est simplement d'essayer, à petits pas, et de voir ce qui est bon, ce qui ne l'est pas, afin d'amener progressivement une nouvelle manière de voir et d'organiser le système. Car il est évident que le système actuel n'est pas le bon, et qu'il est nécessaire de le réformer.

2

Les problèmes
de notre démocratie –
Pourquoi ça ne marche pas,
pourquoi ça ne peut pas
marcher

Quels sont les problèmes, qu'est ce qui ne va pas ou plus? Quelles sont les causes profondes qui minent et entravent le système?

Dans cette section, nous allons détailler les principaux problèmes identifiés de notre système démocratique, et essayer d'en tirer des recommandations pour notre nouveau système.

2.1 Le problème, c'est le système et non les gens

Le postulat de base de cet essai, c'est que **le problème, c'est le système et non les gens**. Si les hommes politiques sont ce qu'ils sont, c'est que le système les a engendrés. Dans un autre contexte, ils auraient été différents. Mais comment trouver un nouveau système, comment le changer? Ou encore: faut-il vraiment un système?

Pour citer Einstein «On ne résout pas un problème avec le système de pensée qui l'a engendré».

Les hommes politiques sont tout simplement incapables de résoudre le problème. Il faut un mode de pensée neuf, un regard neuf. Si les choses se passent comme maintenant, il faut s'attaquer aux principes mêmes du système. Il faut tout déconstruire, identifier les éléments constitutifs du système et tout reconstruire.

Mais là aussi, les complications arrivent. Les loups ne se mangent pas entre eux. Ceux qui ont le pouvoir de rénover le système sont ceux qui profitent du système. Est-ce que vous scieriez une branche sur laquelle vous êtes assis?

Il faut pouvoir changer les règles du jeu, se dire que d'autres choses sont possibles, mais comment? Là est tout le but de ce livre: proposer des pistes de réflexion.

2.2 La perversion par la particratie

Imaginez-vous Jean, jeune idéaliste, voulant changer le monde. Il veut rénover, militer, se battre. Il est neutre politiquement parlant. Il s'intéresse à la société, au bien commun. Il s'inquiète de la qualité de l'air, de la nourriture, de l'éducation des futurs enfants qu'il n'a pas encore. Jean est un homme avec un idéal, un gars bien qui veut s'investir.

Quelles sont les chances que le système pervertisse Jean?

Plus ou moins 100 %.

Pour pouvoir transformer la société et apporter ses idées, Jean va devoir s'engager dans un parti. Il mettra ses idéaux dans des suggestions à un élu local, à un «manager», il devra coller des affiches, distribuer des tracts, participer à la vie du parti.

Jean va devoir lisser ses idées: difficile de faire passer des idées de gauche dans un parti de droite et inversement. En son for intérieur, Jean a un *package* d'idées bien déterminées qui peut favoriser la gauche ou la droite. Cependant, Jean, sans s'en rendre compte, va se transformer. Il va prendre les avis des autres et les faire siens. Sa pluralité idéologique primaire se déplumera pour correspondre au tronc commun généré par ses nouveaux congénères, ses nouveaux amis. On doit avoir une idée unique, celle du parti, celle des leaders de ce parti.

Jean va gagner de l'argent, va obtenir de belles places grâce aux nouveaux amis. Tout est simple finalement, il suffit de suivre et tout arrive: femmes, enfants, maison…

Pourrait-il réussir sans parti? Non. Le système actuel est conçu pour tuer les petits partis, les idéologies mineures. Même si certaines idées peuvent être bonnes, elles n'ont aucune chance d'arriver à un aboutissement. Pour pouvoir faire passer ses idées, il faut dès lors entrer dans un parti qui a une chance de remporter les élections. Pour changer le monde, il faut dès lors rentrer dans un moule. Vous avez dit paradoxe?

Le problème ne vient pas du Jean originel. Pour pouvoir exercer les fonctions qui l'intéressaient au départ, Jean doit devenir un professionnel de la politique. Il ne peut se permettre d'avoir un autre métier en plus, différent de la politique.

Il faut s'investir corps et âme et ce pour une longue durée.

Le système a tué Jean.

Recommandation : le système devrait permettre la pluralité des idées et d'avoir des idées qui ne sont pas nécessairement packagées dans un programme de parti. Le système doit pouvoir conserver en son sein les gens motivés ainsi que leurs idéaux.

2.3 Du principe même du système électif

Jean est devenu un politicien de métier. Sa carrière, ses idéaux sont lissés mais il voit apparaître un nouvel arrivant dans son parti, dans sa circonscription. Il va donc se battre pour garder sa place aux prochaines élections.

La principale préoccupation de Jean va être sa réélection car c'est son métier, sa raison, son gagne-pain. La charge qu'il a acquise devient secondaire, le bien commun devenant secondaire. Il faut être réélu.

Jean va donc devoir embellir son bilan, prendre des décisions à court terme mais qui peuvent rapporter, électoralement parlant. Les décisions à long terme, ne rapportant aucune voix, sont écartées alors qu'elles sont peut-être justes.

Le principe même de l'élection ne permet pas à un élu de se concentrer uniquement sur la tâche confiée. À l'approche des élections suivantes, son centre d'intérêt principal sera d'être réélu, ce qui nuit à l'efficacité même du système. Ce phénomène est amplifié lorsque plusieurs scrutins ont lieu à intervalles répétés, donnant l'impression que certains candidats sont perpétuellement en campagne.

Recommandation : les personnes qui reçoivent une charge publique doivent pouvoir se concentrer uniquement sur celle-ci et non pas sur leur propre sort.

2.4 La délégation du pouvoir et la non-reddition des comptes mènent à l'impasse

Dans son livre, *Rebooting Democracy* (Arriaga, 2014), Manuel Arriaga établit une comparaison intéressante entre le système démocratique actuel et la gestion d'un supermarché.

Imaginons que vous êtes l'actionnaire principal d'un supermarché et que vous déléguez votre pouvoir à un gérant. Vous le désignez, lui donnez les clés du magasin pour revenir 6 ans après afin de voir s'il a bien travaillé.

Quelle est la probabilité que votre magasin soit bien géré ?

Faible à inexistante.

Le gérant ne doit pas rendre de comptes à qui que ce soit, donc il peut faire ce qu'il veut.

C'est exactement ce que nous faisons dans notre système actuel.

Nous déléguons la gestion du bien commun à un élu, et nous venons voir à la fin de la mandature pour voir s'il a bien travaillé.

Qui consulte régulièrement les comptes de sa commune, de sa région ? Peu de gens, et encore faut-il les comprendre.

Qui se renseigne sur les politiques, lit les rapports de commission, les décisions ? De nouveau, peu de gens.

Quelle en est la raison ? Ce que l'on appelle *l'ignorance rationnelle,* plus communément appelée la loi du moindre effort : le coût de recherche d'une information complémentaire avant de prendre une décision dépasse l'enjeu de la décision. En effet, nous ne valons qu'«un vote» et l'effort à faire pour analyser l'ensemble des décisions est dévoreur de temps par rapport à notre poids relatif dans la décision finale. Donc, la majorité des personnes ne le font pas.

L'effet pervers de la loi du moindre effort est que nous simplifions notre raisonnement, nous nous basons sur des articles de presse qui peuvent avoir été manipulés, sur des populismes rassembleurs déjà évoqués dans les années 30, ou sur l'avis de voisins et amis aussi soumis à cette loi.

Revenons à notre gérant de magasin. Si on passe chaque semaine, on vérifie la caisse, on fait une réunion, on discute de ce qui va bien ainsi que de ce qui ne va pas.

Quelles sont les chances que le magasin tourne bien? Bien plus grandes.

Recommandation : le système doit permettre de rendre des comptes aux citoyens, tout en gardant son efficacité.

2.5 La longueur et le renouvellement des mandats : l'usure du pouvoir

Toujours les mêmes têtes, de père en fils, cela se succède... On arrive dans une sorte de monarchie des élus. La politique se transmet désormais par le sang. Nous avons affaire à une «aristocratie élective».

Les exemples sont nombreux : familles de Croo, Michel, Lutgen, Daerden, Ducarme, Foret, Van Cauwenberghe, Wathelet, Collignon, Eyskens, et bien d'autres. Aucun parti, aucune tendance n'est épargnée.

Ces personnes peuvent rempiler à souhait, on est bourgmestre 20 ans, 30 ans, 40 ans. On est député à vie... Si on ne passe pas aux élections, on est la plupart du temps toujours bien «recasé» quelque part : intercommunale, cabinet, ou bien encore cooptation.

Tous ces mandats sont renouvelables, on va même jusqu'à entendre que, pour être conseiller communal, «il faut une mandature pour comprendre comment fonctionne la commune et une mandature pour réellement agir».

La politique est devenue un métier. Il n'en a pas toujours été de même dans l'histoire et dans la gestion des sociétés. Les hommes politiques sont devenus une élite monarchique. Tout ceci mène inexorablement à une usure du pouvoir, à un non-renouvellement des idées et des concepts de développement et, *a fortiori*, à une baisse de l'idée même d'un appareil démocratique.

Le profil des politiciens peut également être mis en cause. Pour être politicien, il faut être ambitieux, s'initier aux arcanes d'un parti, éliminer un concurrent afin d'accéder à une place éligible. Passé ce cap, il faut éliminer un autre adversaire, trouver des arguments contre lui... Donc pour réussir en politique, il faut aimer le pouvoir, être légèrement égoïste, et ambitieux.

Le profil du politique devrait être quelqu'un de rassembleur, soucieux du court comme du long terme, peu attaché aux notions d'élimination. Deux contraires... Les politiciens ne sont pas à leur place parce que leur profil psychologique ne colle pas à la défense de l'intérêt général, même s'ils en sont intimement convaincus.

Une des causes en est le renouvellement des mandats : on peut se faire élire un nombre illimité de fois pour le même mandat. Une autre est imputable à la longueur des mandats. Le système doit générer des mandats courts, non renouvelables et non cumulables. La politique n'est pas une affaire de professionnels, ni un métier, mais un acte pour sa communauté. C'est une charge partielle, temporellement limitée, que l'on accepte pour faire progresser le bien commun.

Recommandation : le système doit offrir des mandats courts, non renouvelables ou renouvelables une fois, et non cumulables.

2.6 Les décisions d'un élu ne sont pas liées à ses promesses électorales

Jean est en campagne, il doit trouver des voix, le centre d'étude de son parti lui envoie des statistiques sur la campagne et une liste de propositions pour son programme. Celui-ci doit être complet, refléter toutes les attentes de la population. Jean doit se conformer à l'idéologie du parti mais, surtout, il doit faire des voix. Les citoyens vont voter pour telle ou telle proposition, peu importe, tant que la voix est là.

Jean est élu, mais il doit composer une coalition avec un autre groupe. Les propositions initiales sont modifiées, supprimées, ou on fait le contraire de ce qui était prévu.

Le cas est classique. L'élu n'est pas tenu d'appliquer ce qu'il a mis dans son programme. Il pourrait même faire exactement le contraire pendant la période de sa mandature, en toute impunité, avec certes une sanction probable de son électorat aux élections suivantes.

Les conséquences sont parfois très lourdes. Les centres d'étude des partis analysent des positionnements et les statistiques. Une position ne vient donc plus d'une conviction, d'un sentiment, mais d'une analyse statistique. Ensuite, le bureau de parti intime l'ordre de penser cette position-là. Où est donc le libre-arbitre dans cette conception de la démocratie? Tout homme doit pouvoir avoir ses convictions Il peut se documenter, certes, demander des avis, mais il ne devrait pas se faire imposer une doctrine.

Recommandation: *le système doit permettre une transparence et un suivi des promesses électorales.*

2.7 Une démocratie représentative qui n'est pas... représentative

Vous sentez-vous représenté par les élus?

Vraiment?

Vous avez bien de la chance car, dans les faits, cela ne semble pas être le cas de la majorité de la population. Plusieurs exemples pour illustrer ce propos:

Dans une étude datée de 2012, le journal *Le Monde* a fait une analyse de l'assemblée nationale française dont les résultats sont éloquents (*Le Monde*, 2012). Premièrement, la représentativité des âges : les jeunes entre 20 et 30 ans représentent 12,4 % de la population et leur représentativité à l'assemblée nationale est de 0,3 %. Les personnes de plus de 50 ans représentent 36,4 % de la population et 68 % de l'assemblée. En termes de catégories socio-professionnelles, les ouvriers représentent 50,4 % de la population et 2,6 % de l'assemblée, et ainsi de suite. L'assemblée en elle-même n'est donc pas représentative de la composition de la population.

Prenons un exemple plus régional : Stavelot, Belgique, commune de 7 400 habitants ; 62 % des habitants proviennent des villages environnants et 38 % de la ville de Stavelot. Le conseil communal est constitué à 37 % de conseillers villageois et 63 % de Stavelotains. Concernant la répartition hommes-femmes, elle est de moitié/moitié dans la population. Mais 26 % des femmes sont dans le conseil pour 74 % d'hommes et ce malgré la parité imposée sur les listes électorales. Si on prend la répartition des âges, les 18-30 représentent 28 % de la population électorale, les 30-60, 43 % de la population et les 60+ 29 % de la population. Dans la répartition du conseil, les 18-30 représentent 10 %, les 30-60, 80 % et les 60+, 10 % du conseil. Nous sommes donc loin d'une représentation exacte de la population et pourtant nous sommes dans un petit échantillon.

L'assemblée nationale française et la commune de Stavelot ne sont pas des cas isolés, prenez les statistiques de votre région et faites le même calcul. Vous verrez que nous ne sommes pas, mathématiquement parlant, dans un système représentatif.

John Pitsey, un spécialiste du CRISP (Centre de recherche et d'information socio-politiques) nous dit d'ailleurs qu'avec le système électoral belge, on peut déterminer, 10 jours avant les élections, 80 % des élus sauf renversement de majorité mirobolant. Quoi que nous fassions, quel que soit notre vote, on ne peut influencer que 1/5e des résultats (Pitsey, 2016).

Nous vivons donc dans une démocratie représentative qui n'en a que le nom car, dans les faits, on peut faire l'analyse sur tous les parlements démocratiquement élus, circonscriptions du monde et les résultats seront similaires : la démocratie n'est pas réellement représentative de la population qu'elle est censée représenter.

Recommandation : le système doit être représentatif de la population.

2.8 Les riches deviennent plus riches et les pauvres plus pauvres

Selon Oxfam, vingt-six hommes détiennent autant de richesse que la moitié la plus pauvre de la planète (Oxfam, 2019).

Selon le *Figaro*, l'écart salarial entre la rémunération moyenne des dirigeants et la rémunération moyenne des salariés serait dans un rapport de 354 aux États-Unis et de 148 pour la Suisse (Figaro, 2013).

Prenons maintenant le rapport entre la fortune de la personne la plus riche au monde, soit Jeff Bezos en 2019 (Forbes, 2019), 140 milliards de dollars de patrimoine, et la définition du seuil d'extrême pauvreté de la Banque mondiale, soit 1,9 dollar/jour (France, 2016). La conclusion est simple : la personne la plus riche du monde possède 201 millions de fois plus d'argent que ce que la plus pauvre gagne sur une année.

Cela n'a pas toujours été le cas : l'historique des inégalités est finalement un concept qui a deux cents ans, soit une durée de vie équivalant à celle de la démocratie représentative. Les autres systèmes politiques avaient des moyens efficaces pour réduire les inégalités. Par exemple, dans la Grèce antique, Démosthène, un célèbre et riche orateur, possédait une fortune personnelle équivalant à 200 fois le salaire annuel moyen d'un travailleur non qualifié (Fuller, 2015). Si nous reportons cela à notre époque, ceci équivaut à une fortune de 3,5 millions €. Le plus riche Grec de l'époque, un certain Nicias avait une fortune estimée à 32 millions € (Fuller, 2015). Nous sommes donc très loin des inégalités auxquelles nous faisons face aujourd'hui.

Comment les Grecs avaient-ils fait? Solon, par exemple, devenu archonte (gouvernant) d'Athènes en 594 av. J.C., avait appliqué une réforme spéciale, au plus fort de la crise agraire. Les riches propriétaires devenaient de plus en plus riches et les plus pauvres, ne pouvant pas rembourser leurs dettes, devenaient *de facto* des esclaves. Le peuple grondait et Athènes était au bord de la guerre civile. Solon décréta l'annulation pure et simple des dettes, la *Seiachtheia*, la «remise du fardeau» (Fuller, 2015). Imaginez-vous qu'Angela Merkel, au plus fort de la crise grecque actuelle, ait dit qu'elle annulait la dette grecque… c'est un peu dans le même ordre d'idées. Autre élément notable, les riches Grecs devaient s'acquitter de taxes spécifiques. Ils devaient par exemple financer un bateau de guerre de ± 300 000 dollars en valeur actualisée. Ils devaient également financer des banquets, une chorale ou sponsoriser une équipe de course-relais. Dans les faits, plus de 50 % de leurs revenus passaient dans ces taxes spécifiques. Dans la Grèce antique, payer ses taxes était un honneur et certains demandaient à en payer davantage. Ils le faisaient savoir et aimaient que cela se sache. Le besoin de reconnaissance jouait à plein (Fuller, 2015).

Quelle est ma définition d'un ultra-riche? Il y a riche et riche. Vous faites partie du 1 % de la population qui est riche et vous avez travaillé toute votre vie pour en être? Je ne parle pas de vous. Je parle des ultra-riches, ceux qui ont dépassé le seuil de l'indécence. À mon sens, ceux qui possèdent plus de 100 000 000 € sont concernés par ma définition. Si ces personnes les plus riches gardent ces 100 000 000 € et qu'elles donnent le reste, on éradique la pauvreté dans le monde… Utopique? Irréalisable?

Prenons même un échantillon un peu plus large: en 2018, le monde comptait 2028 milliardaires en dollars (Forbes, 2018). Ils «pèsent» ensemble, 9 100 milliards de dollars, en augmentation de 18 % par rapport à l'année 2017. Laissons-leur à chacun 100 millions $ pour qu'ils puissent «survivre». Il nous reste ± 8 900 milliards à distribuer. Il y a 800 millions de personnes dans le monde dont le revenu est en dessous de 1,9 dollar/jour (France, 2016). Si on organise une redistribution mathématique, chaque personne reçoit 11 125 dollars, soit l'équivalent de 16 années complètes de travail.

Nous pouvons aussi nous intéresser à l'augmentation de la fortune mondiale cumulée de ces milliardaires. Elle est de 18 % entre 2017 et 2018, ce qui représente un pactole de 1 736 milliards de dollars. Divisons-le à nouveau par le nombre de personnes en dessous de seuil de la pauvreté soit 800 millions : chaque personne recevrait une somme de 2 170 $ par an, soit l'équivalent de trois années de travail, et cela rien qu'avec l'*excédent* de croissance. La pauvreté mondiale pourrait donc facilement être diminuée en organisant un système de redistribution efficace et éthique.

Ce raisonnement est primitif et irréalisable, mais il montre une réalité bien nette : les inégalités sont en train de se creuser et, pendant que certaines personnes hésitent entre une Ferrari et un avion ou l'achat d'une île, d'autres se battent pour simplement survivre.

Comment « forcer » les riches à redistribuer leur richesse ? Pas facile, ils ne se laisseront pas faire comme cela.

Plusieurs mesures sont selon moi possibles : envisager une fiscalité mondiale car ces personnes ont des centaines de conseillers en optimisation patrimoniale à leur solde et les contraindre dans un pays les ferait s'évader vers un autre. On peut également imaginer favoriser le don à des associations de leur choix, sans lien de propriété avec l'association, pour éviter qu'ils fondent une « association humanitaire » fiscale. Une méthode également efficace selon moi est de définir un écart de revenus maximum au sein d'une même société. Un PDG ou un actionnaire ne pourrait gagner plus de x fois le revenu le plus faible de son entreprise. Une autre mesure pourrait être de taxer les transactions électroniques en bourse...

Le système actuel accentue les inégalités entre les différentes personnes. Les riches sont destinés à être plus riches et les pauvres plus pauvres et cela semble inexorable.

Les riches accèdent aux lois et votent des lois qui les rendent plus riches et cela au détriment des moins nantis. Cela se fait subrepticement, sous couvert, rien n'est dit, mais cela est fait. Certaines personnes sont devenues si riches qu'elles peuvent se permettre d'acheter des décisions politiques qui leur permettent d'être plus riches. Finalement, les hommes politiques passent, et les mêmes riches restent. L'homme politique n'est qu'un instrument à leur solde. Il a la gloire, la visibilité mais n'est qu'un pantin agité par son contributeur financier.

Recommandation : *le système doit réduire les inégalités et organiser une redistribution des richesses équitable.*

2.9 Le pouvoir est concentré et facile à influencer

Prenons l'exemple européen. L'Europe a été construite selon des objectifs louables : synchroniser les différents systèmes politiques et économiques, favoriser l'échange, avoir une monnaie unique… L'objet de cet écrit n'est pas de dire « l'Europe c'est bien, l'Europe c'est mal », mais il faut constater que la construction européenne a considérablement facilité le travail du pouvoir économique.

Là où il fallait entretenir des relations dans toutes les capitales européennes pour obtenir les lois, il suffit maintenant de concentrer ses efforts sur les organisations supranationales telles que la Commission Européenne. L'harmonisation dans les lois nationales fera le reste par la suite. C'est pourquoi près de 30 000 lobbyistes travaillent actuellement à Bruxelles. Soit environ 1,4 lobbyiste par fonctionnaire européen.

Les lobbies défendent un groupement d'intérêts personnels. Ils financent des politiques et proposent des lois qui arrangent leurs mécènes.

Le lobbying peut se diviser en trois parties distinctes : celle qui cible les décideurs, celle qui cible les relations publiques et celle qui cible les scientifiques.

Le lobbying direct consiste en la création d'associations de lobbying, de soupers avec des dirigeants, de jouer les oiseaux de malheur avec les destructions d'emploi ou encore de prôner une alternative favorable à l'industrie lorsqu'une règle ou une décision est proposée. Dans ce type de lobbying, on peut également identifier le *pantouflage* et la *porte tournante* (Corpo, 2016). Le pantouflage consiste à recruter un ancien haut fonctionnaire ou responsable politique afin qu'il puisse influencer ses anciens collègues. La porte tournante consiste à envoyer un ancien dirigeant d'industrie dans une administration. Un exemple connu est Michael Taylor, lié à Monsanto et architecte du principe de substance qui établit que les aliments génétiquement modifiés ou non génétiquement modifiés sont équivalents s'ils présentent des qualités génétiques comparables sur des éléments limités. Il n'est plus dès lors nécessaire d'établir une analyse de toxicité. Il favorise donc la mise sur le marché de l'OGM. Taylor a d'abord intégré la FDA (Food and Drug Administration), avant de travailler comme avocat pour Monsanto, ensuite il a intégré l'USDA, l'administration américaine de l'agriculture, pour retravailler pour Monsanto, avant de retravailler en 2009 pour la FDA dans l'administration Obama. Un membre important de Monsanto a donc eu accès à de hautes responsabilités et par conséquent aux lois du ministère qui contrôle l'activité de Monsanto.

Une petite parenthèse sur les OGM : est-ce que vous croyez vraiment que le riz doré (un riz génétiquement modifié), riche en vitamine A, a été créé pour subvenir aux besoins des personnes qui ont une carence ? (Corpo, 2016) Une petite cure de vitamines donne le même résultat. Ce qui est surtout intéressant dans le riz doré, c'est que l'on peut mettre un brevet dessus. Qui dit brevet, dit argent. Pas un peu d'argent, des masses d'argent. Les personnes qui veulent faire pousser un OGM doivent passer à la caisse chaque année et doivent en plus fournir une « rente » à Monsanto. Il est en plus strictement interdit de réutiliser les semences d'année en année. Bref, les OGM, vous l'avez bien compris, c'est du business et on ne parle même pas des conséquences de « toucher » au patrimoine génétique de la planète qui entraîne d'autres conséquences : appauvrissement génétique global, perte de biodiversité…

Le lobbying d'opinion consiste en des activités de relation presse. Critique d'ONG, diffusion de contre-expertises, recrutement de leaders d'opinion et publication d'histoires sur les objectifs nobles de l'industrie font partie des méthodes.

Le troisième type de lobbying est le lobbying scientifique : financement des contre-experts, infection des comités scientifiques ou appel à des sociétés de défense de produits sont les techniques habituellement utilisées.

Revenons à Monsanto et à son non moins célèbre *Roundup*. Monsanto a créé l'association de lobbying Glyphosate Task Force (GTF) pour défendre ses intérêts. En 2015 le CIRC (Centre International de Recherche contre le Cancer) publie un rapport décrétant que le glyphosate était probablement cancérigène. L'étude du CIRC se basait sur des rapports de cancérologues indépendants et publiés. L'EFSA, l'autorité européenne de sécurité des aliments, a pourtant, dans un premier temps suivi le GTF, qui donnait des contre-expertises basées sur des études financées par l'industrie, et non publiées (Corpo, 2016).

Ce n'est pas un exemple isolé, bien d'autres agences de lobbying existent. Elles proposent finalement un service simple : « Vous voulez changer une loi ? Nous pouvons vous aider. Nous allons tenter d'influencer les décideurs, analyser les lois et vous aider à obtenir votre loi. » Certaines de ces firmes vont rester dans la légalité, d'autres flirteront plus avec la limite de celle-ci.

Le pouvoir et les lois sont donc faciles à influencer, sans que cela soit illégal pour autant. Ces firmes profitent de la complexité du système pour pouvoir vendre leurs services. Cependant, leurs actions se limitent à défendre un intérêt particulier, face souvent à l'intérêt général qui est divergent.

Recommandation : il faut diluer le pouvoir, ne pas permettre qu'il soit atteignable par des structures organisées. Le système doit contrôler les lobbies et leur permettre de s'exprimer et de proposer, mais de ne pas être juge et partie dans les débats.

2.10 Le pouvoir est corrompu

Affaire Fillon en France, affaire Publifin et Kazakhgate en Belgique, soupçons de corruption à gauche et à droite, avérés ou non… le système donne l'impression que tout est pourri, et qu'« ils » sont tous pratiquement pourris. Ce n'est qu'une question de temps pour qu'une affaire éclate concernant l'un ou l'autre que l'on remplacera. Car l'homme politique, dans le système actuel, n'est qu'un pantin aux services des intérêts particuliers qui le gouvernent.

Petit tour à gauche, affaire Edmée de Groeve, PS. En 2013, Edmée De Groeve est condamnée pour une affaire de faux, détournement de biens sociaux. Elle interjettera appel avant de bénéficier d'une transaction pénale (Le Vif, 2013).

Petit tour à droite, Kazakhgate, Armand de Decker est soupçonné d'avoir usé de son influence afin d'accélérer la loi sur la transaction pénale en Belgique en faveur d'un de ses clients Patokh Chodiev. Le scandale met également en exergue les pratiques de lobbying de ce grand monde (Wiki, 2016).

Petit tour chez tout le monde, affaire Publifin 2016. Suite aux révélations d'un conseiller communal excédé par le système, Cédric Halin, la Belgique découvre comment les mandataires reçoivent des compléments de salaires via le système des intercommunales, ainsi que la nébulosité de la gouvernance de la société «sœur» de Publifin, Nethys (Le Vif, 2016).

L'exemple de Barroso est également édifiant. Une personne qui a été le président de la commission européenne, est engagée dans la banque (Goldman Sachs) qui a engendré la crise économique de 2008, selon les dires même de Juncker (RTBF, 2016).

Le problème est bien évidemment la préservation de l'intérêt général, et non des intérêts particuliers.

Reprenons notre Jean initial, il a distribué beaucoup de tracts, et devient membre du cabinet d'une élite de son parti. Il prend les habitudes des nantis. Il monte l'échelle du pouvoir, est élu. Un élu local ne gagne pas beaucoup d'argent et pour assurer un bon train de vie, il va aller se placer dans des conseils d'administration d'intercommunales et y faire acte de présence.

Imaginons que Jean ait siégé au conseil de Publifin, il aurait pu toucher près de 3 000 € brut mensuel de complément (RTBF, 2017) pour ne même pas être obligé de siéger. Et ce n'est que la partie émergée de l'iceberg. Combien d'accords, de coups tordus ne sont jamais révélés au grand jour car bien ficelés? On ne le saura jamais et je suis intimement convaincu qu'on parle de bien plus que de 3 000 € par mois… Plus le gâteau est gros, plus les portions sont grosses. Par exemple, il apparaîtrait que dans le scandale du Kazakhgate, Armand de Decker aurait perçu 740 000 € d'honoraires pour son action. Un autre monde… (Chambre, 2018).

Toutes ces affaires révèlent essentiellement une chose finalement : le pouvoir est corruptible. Si le pouvoir est détenu par peu de personnes, qu'il est concentré, *a fortiori*, ce sera plus simple de le corrompre.

Recommandation : la charge du pouvoir doit être transparente, et le pouvoir doit permettre la défense de l'intérêt général et non la défense des intérêts particuliers.

2.11 Les travers de l'individualisme ou le paradoxe d'Olson

Intéressons-nous au paradoxe d'Olson ou du cavalier seul (Bronner, 2013) :

« Les grands groupes peuvent rester inorganisés et ne jamais passer à l'action même si un consensus sur les objectifs et les moyens existent »

Quelle en est la raison ?

Face à un conflit, un être humain est confronté à deux choix :

- participer au conflit malgré le fait qu'il y ait un coût individuel (temps, argent…)
- ne pas participer sachant que les gains du conflit vont à tous, même à ceux qui n'ont pas participé.

L'individu peut donc être tenté d'être « le passager clandestin », de ne rien faire et de pouvoir bénéficier de l'avantage collectif.

Le fait est que dans la majorité des cas, personne ne fait rien, malgré l'intérêt manifeste de s'organiser pour obtenir quelque chose.

Prenons un exemple : une grève pour l'augmentation des salaires, les personnes qui y participent ont un coût (leur journée de travail, le temps de préparation…). S'ils obtiennent gain de cause, tout le monde en bénéficiera.

Nous devons retrouver des valeurs collectives. Aider un parent, un voisin, un ami, qui en a le besoin et avoir aussi l'assurance d'être aidé en cas de pépin.

Recommandation : le système doit proposer des valeurs collectives, des systèmes d'entraide. Il doit également donner la possibilité aux gens de s'unir pour des causes communes.

2.12 Le temps que prend la démocratie et la gestion des exclusions

Avoir le temps de s'en occuper…

Un autre problème se pose : le temps. C'est bel et bien gentil de s'occuper d'une nouvelle démocratie, mais il faut en avoir le temps, entre les courses, le boulot, les enfants, les parents, les amis… Tout le monde n'a pas envie de consacrer un temps démesuré à renouveler le monde. Il faudrait que cette nouvelle démocratie respecte le temps, que l'on puisse faire beaucoup de choses en peu de temps. Elle doit être structurellement bien organisée.

Une méthode pourrait être d'utiliser Internet et ses nombreuses possibilités, notamment celles de prendre une décision asynchrone, d'organiser plus facilement des réunions, des consultations, ou des sondages. Les possibilités sont multiples mais un frein existe encore, et cela pour encore plus ou moins 20 ans : il s'agit de l'exclusion numérique.

Les personnes qui n'ont pas accès à Internet n'ont pas accès à la même information et à la même instantanéité que les autres. Il est donc nécessaire de maintenir un système qui tient compte d'une information et d'une organisation Internet et non-Internet.

Ces deux exclusions sont mutuelles. Souvent les exclus par le temps sont numérisés et les exclus numériques ont du temps.

Recommandation : le système doit gérer les exclusions, par exemple l'exclusion numérique ou l'exclusion par le temps et proposer des systèmes de participation et d'information qui respectent cet état de fait.

2.13 Les risques de la perte de confiance

Observez autour de vous.

«Votez, cela ne sert à rien, de toute façon ils feront ce qu'ils veulent, moi la politique je m'en fous...»

Le grand problème c'est que plus personne ne se sent concerné car tout le monde sent que les dés sont pipés.

Le système doit permettre la confiance. Il est impossible de synchroniser tous les systèmes de pensée. Il est impossible que toutes les décisions prises soient celles qui vous arrangent, mais il est possible qu'elles arrangent le maximum de personnes, et tout ceci dans l'intérêt des minorités également.

Le problème de la perte de confiance est également la montée des populismes, la montée de candidats antisystèmes au message unique. Un brin d'histoire peut même nous glacer le sang. En 1932, Hitler, candidat antisystème, jouant sur la peur des gens, la peur de la classe moyenne, gagne les élections législatives. Il est peu après nommé chancelier. À peine nommé, il tue littéralement l'appareil démocratique, bien faible à l'époque (république de Weimar). Tout le monde connaît la suite…

La nouvelle génération (celle née dans les années 90) manque également de vocation de gestion du bien public. Ce n'est pas nécessairement une question de compétences, mais plutôt d'inté-rêt. Le système paraît difficile, technique, sans intérêt. La généra-tion Z est née avec un PC dans les mains, en attendant ceux qui seront nés avec une tablette.

Tout va plus vite, tout doit être simplifié, il leur faut une démocratie participative, en quelque sorte une démocratie Face-book. Un système plus simple, plus collaboratif.

Et pourquoi?

Ils sont plus grégaires, partagent tout systématiquement sur leur mur Facebook ou via Snapchat. Le sens de la propriété change également, la plupart ne sont pas si attachés que cela au modèle de leurs parents: il faut une maison, des enfants, se marier. Ils ne veulent pas nécessairement posséder, ils veulent pouvoir utiliser. Au niveau hiérarchique, ils aiment les structures plates, et à ce sujet, nous allons vers un *clash*. Comment cet ensemble de personnes peut-elle digérer les structures très hiérarchisées d'aujourd'hui?

Le phénomène va également s'accentuer avec la génération suivante. Les gens changent, donc le modèle de société doit s'adapter à cette nouvelle donne.

Recommandation: le système doit nous permettre «d'y croire» à nouveau. La pluralité des idéologies doit également y avoir sa place et la volonté générale être respectée. Le système doit permettre aux nouvelles générations d'y trouver leur place.

2.14 Le biais médiatique

7 octobre 2015, Bruxelles, manifestation de 100 000 personnes. La manifestation se passe dans le calme. Je revois ma chère et tendre, revenir de la capitale, complètement épuisée mais contente de son action. Elle ouvre la télévision et voit la manière dont c'est couvert : des gens se battent… La presse a montré un évènement particulier dans une manifestation pacifique. Le spectateur neutre pourrait penser «Ah ces grévistes, toujours en train de se battre…» Alors que 99 500 personnes défilent dans le calme, 500 se battent et ce dernier fait est mis en évidence dans la presse. Et 90 % de l'information disponible sur cette manifestation ne couvrait que cette bagarre que la plupart des manifestants n'ont pas vue. Le motif de la grève a donc été complètement passé sous silence. 99 500 personnes ont pris la peine de se déplacer, de perdre une journée de salaire, de s'organiser … et une orientation subtile de l'appareil médiatique permet de réduire ce type d'initiative à néant.

Quid de la neutralité?

Je me rappelle maintenant aussi les cours donnés par un de mes professeurs, qui nous montrait que l'on pouvait faire tenir plusieurs types de discours à une même interview. Il nous présentait l'interview longue, brute, et l'interview coupée de deux manières, une positive, une négative. Finalement, en fonction du montage et du choix des séquences, on peut dans beaucoup de cas orienter le débat. Non, la presse n'est pas toute pourrie, mais la presse peut être manipulée, l'histoire nous l'a prouvé à plusieurs reprises mais l'histoire se reproduit. Il faut donc douter de tout.

Les médias souffrent également d'une crise actuellement car leur modèle de revenu change, il y a moins d'argent qui vient des abonnements, et peu de clients qui prennent des abonnements numériques. Il y a donc des consolidations dans le secteur et les médias appartiennent de plus en plus à des groupes privés. Par exemple, en Belgique francophone, il n'y a que trois groupes industriels qui contrôlent la presse écrite : Rossel (*Le Soir*, *Sud Presse*), IMP (*La Libre*, *la Dernière Heure*) et Nethys (*Vers l'Avenir*), ces groupes sont actifs dans d'autres secteurs de l'économie. D'où conflit d'intérêt potentiel. Imaginez-vous que vous êtes un journaliste de *Vers l'Avenir*. Vous devez couvrir l'affaire Publifin où Nethys, votre actionnaire principal et accessoirement la personne qui vous paie, est largement impliqué. Vous sentez-vous indépendant ? Le pouvoir économique est en train de prendre le contrôle sur le monde de l'information, car le modèle économique de celui-ci ne s'adapte pas à son temps et le pouvoir économique en profite. Un autre exemple : en 2015, Vincent Bolloré président du conseil de surveillance de Canal + appelle son directeur pour une déprogrammation d'un documentaire sur le Crédit Mutuel. Les trois journalistes ont déposé plainte, ce qui a mis l'affaire en lumière et mis en évidence ce genre de pratique (Figaro, 2016).

Le journaliste qui veut bien faire son travail, de manière indépendante, doit un jour ou l'autre subir une pression de la part de sa direction envers l'un ou l'autre article. Nous avons donc une information épurée et de moins en moins indépendante. Le journalisme n'a plus d'indépendance que le nom. Le véritable journaliste indépendant doit manger tous les jours, et il a besoin de son salaire, et donc la tentation est grande d'accepter de modifier, voire de ne pas diffuser certaines informations, et ce pour ne pas tout perdre.

Quid également de la profondeur de l'information ? L'heure n'est plus aux grandes analyses, il faut du clic, de la lecture instantanée, de l'info flash. Le journaliste qui veut faire correctement son boulot, n'a plus les moyens de le faire, sans compter le fait que son article pourrait être refusé s'il froisse certaines élites bien placées. Les médias sont également soumis au dilemme du prisonnier énoncé par Tucker en 1950 :

Deux prisonniers, ayant commis un délit ensemble, sont retenus dans des cellules séparées et qui ne peuvent communiquer ; l'autorité judiciaire offre à chacun des prisonniers les choix suivants :

- si un des deux prisonniers dénonce l'autre, il est remis en liberté alors que le second obtient la peine maximale (10 ans) ;
- si les deux se dénoncent entre eux, ils seront condamnés à une peine plus légère (5 ans) ;
- si les deux refusent de dénoncer, la peine sera minimale (6 mois), faute d'éléments au dossier.

On voit donc que la décision optimale serait de maintenir le silence (Bronner, 2013) et de n'écoper que de six mois. Mais la tentation est de dénoncer l'autre pour ne rien avoir. Si les deux suivent ce raisonnement, ils vont écoper de cinq ans. Donc s'ils avaient pu se coordonner, ils auraient fait un choix optimal.

Transposons le dilemme du prisonnier dans le monde des médias : un journaliste reçoit une info, il se doit de la vérifier, mais dans le monde actuel, il n'a plus le temps de tout vérifier. S'il la publie et qu'elle est fausse, il peut y perdre sa réputation ; s'il ne la publie pas et que tout le monde la publie, alors ses lecteurs pourraient se dire qu'il est toujours en retard. D'après Bronner, la situation la plus fréquente est que tout le monde publie, utilisant s'il le faut le conditionnel. Le corollaire du dilemme du prisonnier est que n'importe quel type d'information est susceptible d'être diffusée. Merci le conditionnel. On ne distingue plus le vrai du faux. La rumeur est lancée…

Recommandation : la liberté et l'indépendance de la presse doivent être préservées.

2.15 Dérives des médias sociaux

Les médias sociaux prennent le pas sur les médias traditionnels. On va voir son mur, pour voir ce que les autres font, ce que les autres partagent. L'information est créée par toutes et tous au profit de tous et toutes. Théoriquement cela ressemble à un monde parfait.
Ceci pose pourtant les problèmes majeurs suivants :

- diminution de la pluralité idéologique ; si l'information est émise par des personnes similaires à nous, à quand la confrontation des idées, comment des idées différentes peuvent-elles arriver sur nos murs ?

- superficialité des nouvelles ; on est dans le monde de l'instantanéité. Si le média traditionnel a l'obligation d'une profondeur dans les articles, ici, on est limité à des messages courts, facilement assimilables. L'heure n'est plus à la réflexion de fond mais au *buzz*, au partage.

- prolifération des « fausses nouvelles » (*fake news*) ; il n'est pas nécessaire de vérifier ses sources pour poster une nouvelle, certains médias se sont même spécialisés pour créer certaines informations fausses (*Nordpresse, Gorafi…*). Le problème est que l'on ne vérifie pas ses sources dans son mur, l'information peut être bonne ou mauvaise. On peut difficilement distinguer les vraies nouvelles des fausses nouvelles, l'analyse de l'information est souvent sommaire. Des groupes organisés peuvent même diluer une information vraie et dérangeante par une prolifération de fausses nouvelles, plausiblement vraies. Avons-nous le temps de tout vérifier ? Non. De plus, la vérification sur Internet peut nous amener à des sources fausses également. Les réseaux sociaux essaient de combattre ce type de phénomène, mais la méthode peut être discutable. Étant donné que la vérification doit être algorithmique, on se base sur les grands médias nationaux pour dire d'une nouvelle qu'elle est bonne ou mauvaise. Ces grands médias étant contrôlés par des groupes économiques, vous comprendrez aisément que l'on tourne un peu en rond. Sachant que les fausses nouvelles ont permis sans conteste d'élever un candidat antisystème, en l'occurrence Trump, sur la place du pouvoir la plus élevée au monde, ce phénomène n'est pas à négliger.

Autre dérive notable de l'Internet, la prolifération de faux commentaires, payés par le gouvernement. Un cas est notable, la «*50 cents army*» chinoise. Le gouvernement chinois paie 50 cents à des blogueurs, journalistes, citoyens pour tout commentaire positif concernant la politique chinoise et négatif concernant la politique des opposants. Le gouvernement s'achète donc de l'opinion et surtout noie les commentaires à son encontre dans la masse (Obs, 2008).

Recommandation : l'information par les médias sociaux se doit d'être confirmée ou infirmée afin de pouvoir disposer d'une base informationnelle saine et fiable.

2.16 Être juge et partie n'est pas acceptable

Dans quelle autre profession, le travailleur a-t-il le choix de son mode de recrutement et de son mode de rémunération ?
Aucune à ma connaissance.
L'homme politique peut décider, en commun accord avec ses collègues, de sa rémunération. Le parti de la majorité peut aussi décider des circonscriptions électorales. Celles-ci sont régulièrement changées et dépendent souvent plus des sondages que de vraies considérations géographiques.
Un des pouvoirs des politiques est de pouvoir définir les règles du jeu pour soi-même. En clair, les politiques dans ce cas sont juges et parties.

Recommandation : l'élu(e)ne peut être juge et partie concernant son mode de choix et son mode de rémunération.

3

En quête de sources d'inspiration

Projetons-nous, explorons le monde, explorons l'histoire. L'organisation de la société n'a pas toujours été celle que nous connaissons, la démocratie représentative moderne n'a d'ailleurs qu'un peu plus de 200 ans d'âge. Le but de ce chapitre est de découvrir les modèles inspirants dans le but d'en construire un nouveau. L'objectif n'est pas de faire une analyse détaillée de leur modèle, mais bien d'en connaître le fonctionnement et la substance pour pouvoir s'en inspirer. Comme Rabelais nous le disait : il nous faut en extraire la substantifique moelle.

Grâce à ce chapitre, lorsque nous construirons notre modèle disruptif, nous aurons alors à notre disposition plusieurs possibilités.

Allons à la rencontre des démocraties inspirantes de l'histoire.

3.1 Athènes, Venise et Florence

Démocratie vient du grec *Dêmos*, le peuple et *Kratos*, le pouvoir. « Démocratie » signifie donc le pouvoir par le peuple. Le système actuel ressemblant plus à une oligarchie qu'à un pouvoir par le peuple, le changement d'acception du terme est intéressant à noter.

Les Athéniens sont à la base de la démocratie moderne. Dans les grandes lignes, le pouvoir se structurait de la manière suivante (Sintomer, 2011) :

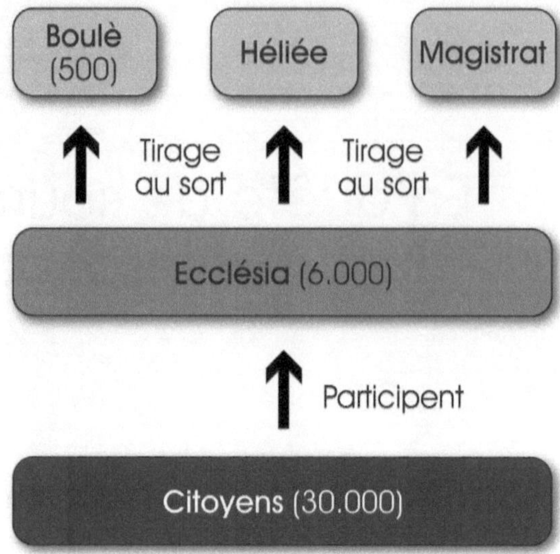

Fig. 1 : Grandes lignes de la structuration
du pouvoir à Athènes.

L'*Ecclésia*, assemblée du peuple était composée plus ou moins de 6 000 personnes, votait les lois et procédait à l'élection de certains magistrats. Le peuple se réunissait plus ou moins 40 fois par an. Tous les citoyens, hommes de plus de 30 ans, pouvaient assister à l'*Ecclésia*. Ils pouvaient prendre la parole, voter et présenter une contre-proposition. Chaque citoyen pouvait également faire une proposition de loi à la *Boulè*. Ce qui est intéressant dans cette structure, c'est que tous les citoyens participaient aux décisions, Athènes était donc une vraie démocratie directe. Avec cependant un gros bémol au niveau représentation : les femmes et les esclaves étaient, entre autres, exclus.

La *Boulè* ou Assemblée des 500, tirés au sort sur une base volontaire parmi l'*Ecclésia* (avec échantillonnage des 10 tribus qui dominaient Athènes), recueillait et élaborait les propositions de loi et administrait l'*Ecclésia*. La durée du mandat était d'un an avec une présidence tournante (la prytanie), qui revenait tous les mois à une tribu différente (10 tribus, et 10 mois, chaque tribu accédait donc au pouvoir au moins une fois). Les mandats étaient renouvelables une seule fois. La *Boulé* permettait donc une représentativité des tribus, elle n'était atteignable que par tirage au sort et les charges pouvaient tourner. Chacun avait donc la possibilité d'atteindre le pouvoir.

L'*Héliée* était un tribunal de citoyens tiré au sort parmi l'*Ecclésia* pour une année. Ils jugeaient aussi bien les lois que les affaires (civiles, examens de magistrats…), donc dans la structure antique, une loi pouvait être jugée par un panel citoyen, un peu comme à l'heure actuelle, un jury populaire juge un homicide.

Pour les magistratures militaires et civiles, 90 % des fonctions sont tirées au sort parmi l'*Ecclésia*, seules certaines fonctions demandant un savoir-faire spécifique (armée…) sont élues. La durée du mandat est en général d'un an, non renouvelable.

Le système athénien permet donc une dilution du pouvoir à plusieurs niveaux. L'utilisation fréquente du tirage au sort permet de se concentrer sur les propositions en elles-mêmes. Les mandats sont courts, non cumulables, ce qui empêche la thésaurisation du pouvoir. Le pouvoir est également distribué entre plusieurs entités.

Projetons-nous 1500 ans plus tard, à Venise. La république vénitienne (de ± 1200 jusque 1797) était dans les faits une oligarchie (Van Reybroeck, 2014) dirigée par quelques familles aristocratiques puissantes. Le chef de la république était appelé le doge. Si l'on devenait doge, on le restait jusqu'à sa mort. Le processus de sélection devait donc tenir compte du fait qu'il y ait le moins possible de luttes entre les différentes familles. Cette procédure a permis, en autres, d'apporter une stabilité politique et perdurera pendant plus de 500 ans. Elle permettait essentiellement que les grandes familles ne se déchirent pas pour le pouvoir en permanence.

L'organe central du pouvoir de Venise était le grand conseil, organe aux pouvoirs illimités, et pour lequel l'accès se faisait par le sang. Ce grand conseil était composé de plus ou moins 600 membres. Lors de la mort d'un doge, les conseillers se réunissaient pour en désigner un nouveau.

La première étape de la procédure était de trouver un enfant. Le plus jeune conseiller allait donc en trouver un au hasard dans la rue. On l'appelait le *ballotino*. Celui-ci tirait les boules au hasard, et en remettait une à chaque conseiller. Il y avait 30 boules en or, et le reste était en cuivre. Une fois qu'une boule en or était tirée, le nom du sélectionné était crié par les huissiers et l'ensemble de sa famille était priée de sortir de la salle car elle ne pouvait plus procéder au tirage au sort. Aucun lien de parenté ne pouvait exister entre deux membres choisis.

Une fois les 30 conseillers désignés, on procédait à un tirage au sort pour en obtenir 9, qui élisaient à leur tour 45 conseillers. On en retirait au sort 11, qui réélisait 41 électeurs chargés de choisir le doge. Le doge était élu par bulletin secret et devait obtenir 25 voix. Cette alternance de l'élection et du tirage au sort permettait en fait d'écarter les manigances et jeux de pouvoir, et que l'on ait à la fin, le candidat le plus adéquat pour la tâche suprême.

La république de Florence, en 1328, avait également un système pour répartir les charges de la république (CAI, 2014). Le but recherché était de ne pas avoir d'affrontements entre les diverses corporations bourgeoises. Dans la première étape, une élite (prieurs, capitaines…) désignait trois commissions d'au moins 28 membres de la bourgeoisie, le « *Popolo* ». Ces trois commissions étaient chargées d'établir une liste, quartier par quartier, des candidats potentiels. S'ensuivait, au sein d'une assemblée rassemblant les commissions, une phase d'élection, le « *Scrutinio* », où les différents candidats étaient cités et devaient recueillir 2/3 des suffrages sur leur personne. Les noms des candidats choisis étaient inscrits sur un morceau de parchemin, et insérés dans l'une des bourses, en fonction de leur quartier. La procédure se poursuivait par un tirage au sort dans les bourses, de celui qui allait recevoir la charge. La dernière étape était une vérification que la personne choisie était « éligible », cette phase permettait notamment de vérifier que la personne avait payé ses impôts, qu'elle n'était pas déjà nommée à un autre office important, ou que l'un des membres de sa famille n'occupait pas déjà une fonction similaire. La proclamation pouvait alors avoir lieu. Les non-désignés ignoraient donc s'ils avaient été éliminés par l'élection, la nomination ou le tirage au sort. Si on n'avait pas été nommé pour une charge, cela pouvait venir de l'un ou de l'autre.

Ce qui est également intéressant dans les trois systèmes, c'est la disparition de toutes les disputes inhérentes à la conquête du pouvoir. Les charges sont courtes, non cumulables. Si on n'est pas nommé cette fois-ci, on le sera probablement une autre fois. Les personnes motivées à s'investir ont leur chance et doivent moins intriguer qu'à l'heure actuelle.

Recommandation : le tirage au sort avec échantillonnage permet de diluer le pouvoir et une rotation rapide des charges. Une alternance entre tirage au sort et élection permet la dilution du pouvoir. La réintroduction d'une forme de tirage au sort permet de diminuer les risques de corruption. Les charges doivent être courtes et non cumulables, tout le monde doit avoir sa chance.

3.2 La démocratie consensuelle Igbo

Uchenna Osigwe dans un article de la revue *Phare* (Osigwe, 2013) de l'université de Laval au Québec donne une version de la démocratie africaine dans la société Igbo qui apporte un autre point de vue sur la démocratie.

Chez les Igbo, l'unité politique fondamentale est la famille, c'est-à-dire l'ensemble des personnes qui ont le même ancêtre paternel. Cette famille se désigne un chef, très souvent il s'agit du membre le plus âgé de la famille. Si cette personne n'est pas compétente pour le poste, alors les membres se consultent et par consensus désignent un chef de la famille, qui le restera tant qu'il vivra sauf en cas de maladie ou de scandale.

Le chef représente son clan au conseil de la commune, et doit toujours consulter les membres de son clan. Chaque commune désigne son chef, par consensus, qu'elle envoie aux conseils des villes, toujours par consensus et ainsi de suite.

Chez les Igbos, il n'y a pas d'hérédité par le sang, ils n'ont par exemple pas de rois, il n'y a pas d'élections au suffrage. Par contre, politiquement, les décisions de toutes et tous peuvent être prises en compte, vu que tout doit passer par un consensus, et qu'il faut consulter sa base pour prendre une décision.

Le consensus tient compte de l'argumentation et du discours. Chez les Igbos on parle donc de démocratie consensuelle.

Recommandation : une forme de consensus doit être réintroduite dans les démocraties.

3.3 Les démocraties directes en Suisse et dans le Vermont

La Suisse est réputée comme un des états les plus démocratiques au monde, elle se distingue en cela de plusieurs manières.

Par exemple, les Suisses ont très fréquemment recours au référendum sur différents sujets. Le référendum peut être obligatoire, facultatif (à l'initiative de citoyens suisses et ce pour protester contre une loi) ou encore d'initiative populaire (à l'initiative populaire de citoyens suisses et ce pour introduire de nouvelles lois). Le référendum peut être mené à un niveau national ou local (CH, 2018).

Un exemple parmi tant d'autres : en 2013 les citoyens de Zurich refusent, par un référendum, la construction d'un nouveau stade de foot alors que le parlement zurichois l'avait accepté à une large majorité. (RTS, 2013)

Un autre système, celui de l'assemblée populaire qui organise le législatif local, a lieu dans 4/5e des communes suisses. Il permet aux citoyens de se rassembler pour prendre les décisions importantes, et cela deux fois par an. Ils ne se contentent pas simplement de voter mais ils prennent activement part aux décisions. Les décisions se prennent par vote de tous les participants, à la majorité des voix. Traditionnellement, les votes se font à main levée. Pour certains sujets, il est procédé à un vote par les urnes, après débats de l'assemblée. Ces assemblées disposent de beaucoup de pouvoir car ce pouvoir est décentralisé (PRE, 2017).

Autre région, autre exemple : depuis le 17e siècle, les communes du Vermont, en Nouvelle-Angleterre (USA), organisent leur vie communale à partir du « *town meeting* », une assemblée de la ville.

Cette assemblée leur permet de refuser certains budgets, de demander des comptes à leurs élus et d'élire certains mandataires pour des mandats courts (1 à 3 ans) (UVM, 2018).

Le premier mardi du mois de mars, les citoyens se réunissent pour désigner les personnes qui ont une fonction officielle, ainsi que pour discuter de budgets et de lois. Une convocation contenant l'ensemble des propositions discutées est envoyée à tous les citoyens un mois à l'avance.

La première étape du *town meeting* est l'élection d'un modérateur pour la réunion. Le modérateur lit l'ensemble des articles, l'un après l'autre. Il doit suivre, le «*Robert rules of order*» qui est un ensemble de règles strictes qui permettent d'organiser les débats. Le vote se fait soit à main levée soit par bulletin secret.

Recommandation : le système doit réintroduire une forme de communication directe entre le citoyen et la personne en charge du pouvoir, soit par référendum, assemblée, ou autre système permettant la reddition des comptes.

3.4 La démocratie délibérative

En 1988, Fishkin, un docteur américain, se lance dans l'analyse de la démocratie délibérative (Sintomer, 2011). La question essentielle peut se résumer à :

«Que penseraient les citoyens s'ils pensaient vraiment ?»

Sa méthode est simple. On tire au sort des citoyens, soit sur une base volontaire, soit par échantillonnage (pour respecter la diversité). Cet ensemble de citoyens est appelé *panel*. On les met dans un lieu commun, des experts les informent, ils peuvent s'informer aussi, sur une problématique précise, en général des sujets de fond (pour ou contre l'avortement… par exemple).

Fishkin a expérimenté cette méthode 70 fois dans 26 pays, en un peu plus de 20 ans.

La question du tirage au sort est amusante, et peut être choquante, j'ai fait personnellement l'expérience d'introduire le sujet dans des conversations privées. Et si des assemblées tirées au sort prenaient les décisions? La réaction est systématique: «Tu es fou, il faut des élus, on ne peut soumettre nos décisions à un tirage au sort…» Et pourtant, lors des sessions d'assises, les jurys prennent de bonnes décisions. Or ils sont tirés au sort. Ils ne sont pas spécialistes du droit! Pourquoi ne le fait-on alors pas pour les lois?

Les exemples d'utilisation du tirage au sort ne manquent pas (Sintomer, 2011): Colombie Britannique, Ontario ou encore, plus proches de nous, la révision de la constitution d'Islande et le G1000, qui était une des premières expériences à grande échelle des jurys citoyens en Belgique.

Recommandation: la réintroduction, à certains endroits, du tirage au sort permet de diluer le pouvoir.

3.5 L'algorithmocratie

Internet change la donne par la mise en réseau informationnelle d'un grand nombre de personnes. Internet permet notamment de reproduire des assemblées «à la grecque», ou de mettre en réseau un ensemble de personnes. S'il faut être bien conscient des dérives possibles d'une démocratie Internet (exclusion numérique, démocratie des «numérisés»…), il faut également en regarder les différentes possibilités.

3.5.1 Democracy OS

Pia Mancini est l'initiatrice du logiciel *open source* Democracy OS. Democracy OS, sous mode de plateforme Internet, permet à partir d'un compte personnel, de consulter les lois, les commenter, les amender, demander un avis citoyen sur certaines choses. Par exemple, lorsqu'un nouveau projet de loi est émis en Argentine, il est mis sur la plateforme, il est expliqué aux citoyens, et l'outil permet de débattre et de prendre des décisions. L'ensemble des décisions de la plateforme est soumis à l'assemblée constituante.

Cette plateforme *open source* a été mise en route dans de nombreux pays, essentiellement à des fins de consultations populaires. Elle permet d'informer mais aussi de récupérer une partie de l'intelligence collective et de tendre vers des décisions plus conformes à l'intérêt général. Des exemples similaires existent en Finlande (*Openministry*) et en Nouvelle-Zélande (*Loomio*).

Il ne faut pas négliger l'aspect informatif de ce type de plateforme. Il n'est pas certain que tout un chacun veuille participer, débattre, et cela pour une question de temps. Par contre être informé des décisions et pouvoir interagir avec certaines, ouvre la voie vers une société plus participative.

Ces plateformes permettent la création d'un lien entre le citoyen et la décision finale. Elles présentent l'avantage que tout le monde peut participer à un débat, comme on le ferait pour commenter un achat sur une plateforme commerciale, ou un commentaire sur un réseau social. Donc l'accessibilité permanente à la prise de décision est un facteur clé. Tout n'est pas rose non plus, car comment contrôler les lobbys, qui ne manqueraient pas de prendre d'assaut ces plateformes si elles deviennent dotées de pouvoirs spécifiques? *Quid* des fausses informations, de la manipulation? Le bon *mix*, la bonne recette doit être trouvée, mais cela mérite d'être testé.

3.5.2 Collectif #Mavoix

Le collectif Mavoix, en France, prône le débat public des lois, sur la place publique. Les propositions sont débattues par des citoyens et votées sur Internet via une plateforme. Le résultat est reporté à la proportionnelle de l'assemblée nationale lors du vote dans l'hémicycle.

LA MÉTHODE #MAVOIX

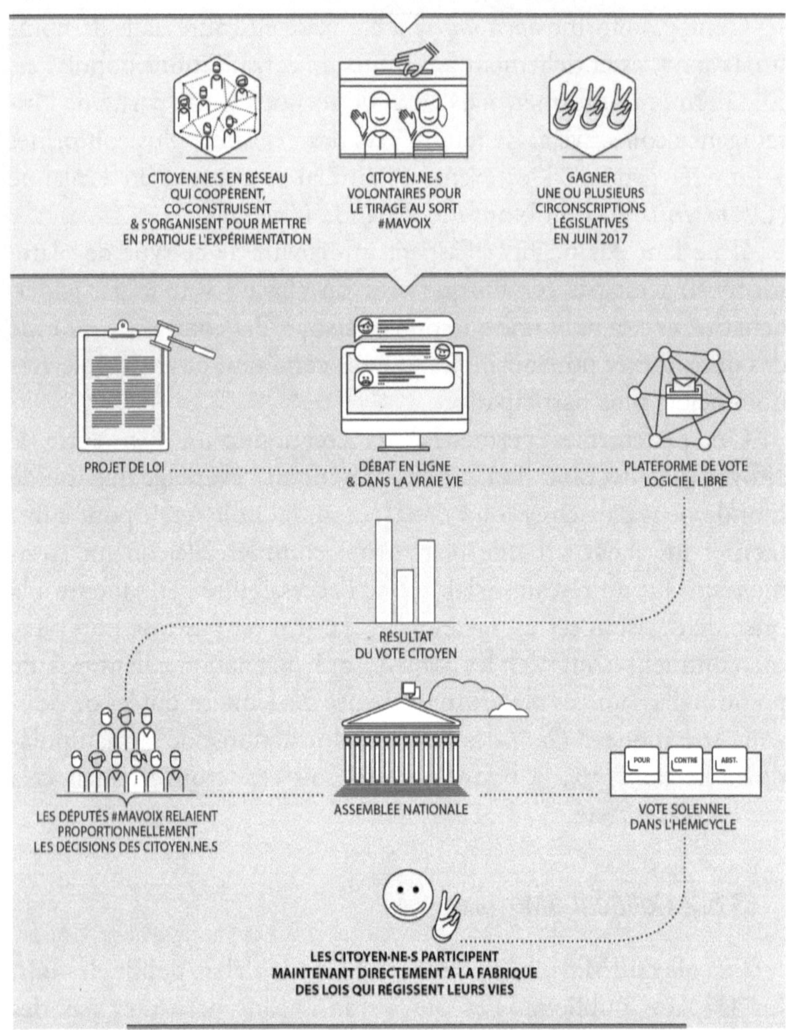

Fig. 2 : Fonctionnement du collectif #mavoix (VOI, 2019)

Il apporte également un tirage au sort sur une base volontaire des candidats à l'assemblée, ce qui permet d'introduire une notion de non-corruption dans l'hémicycle. Finalement, selon ce système, les députés « Mavoix » doivent respecter proportionnellement ce qu'il s'est dit lors de la consultation populaire.

L'élément intéressant dans l'initiative de ce collectif, est la notion de transition entre le système représentatif actuel et un autre modèle comprenant la notion de consultation populaire. On utilise l'organe représentatif, mais on introduit d'autres éléments, comme par exemple le tirage au sort, pour l'améliorer.

3.5.3 La démocratie liquide

La «démocratie liquide» (FRAMA, 2015), aussi appelée «démocratie délégative» est une forme d'organisation du pouvoir où on peut confier sa voix à un représentant que l'on estime plus qualifié que soit, dans un domaine précis.

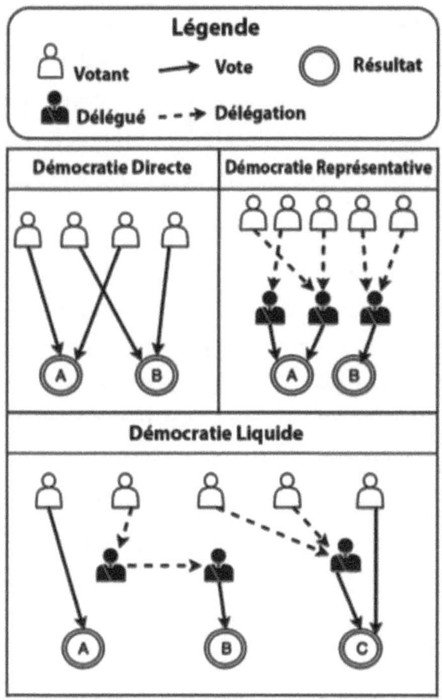

Fig. 3 : Démocratie liquide, (Wiki, 2019)

Par exemple, si je suis un expert en environnement reconnu de ma communauté, je vais peut-être avoir plus de poids sur les questions environnementales car j'aurais eu une délégation de pouvoir d'autres personnes sur ce sujet précis. Par contre, si je ne suis pas compétent en urbanisme, je peux rechercher un représentant en urbanisme pour défendre ma voix urbanistique. Donc on dispose de plus de poids sur ses sujets de prédilection et on délègue les matières où on est moins compétent. On peut aussi déléguer tout son pouvoir de vote à plusieurs experts, on joue alors un rôle passif. Cette délégation de pouvoir peut être reprise à tout instant, si je ne suis pas d'accord avec les positions ou le travail de mon représentant, je lui retire ma confiance. La démocratie liquide est aussi transitive, c'est-à-dire qu'elle permet à des représentants de déléguer à leur tour certains sujets à d'autres représentants qu'ils estiment plus qualifiés qu'eux.

Ce mode de fonctionnement est rendu possible par des logiciels spécifiques tels que Liquidfeedback et est un des modes de fonctionnement du parti Pirate, qui a pris plusieurs sièges dans différentes démocraties (Islande, Suède, Allemagne).

Les principaux avantages de la démocratie liquide sont :

- Une dilution effective du pouvoir : pour avoir du poids dans les votes, un candidat doit avoir des supporters. Si un représentant s'avère corrompu, il va perdre l'ensemble des personnes qui lui ont fait confiance et son « poids » en voix sera perdu. Pour les lobbys, le système sera également beaucoup plus compliqué à corrompre, car le nombre de représentants à convaincre peut être très élevé.
- Pour faire entendre sa voix élective, on n'est pas obligé d'être un expert dans tous les domaines, on peut déléguer l'information à une autre personne, donc toutes les personnes peuvent travailler sur ce qu'elles aiment faire, et déléguer ce pour quoi elles ne sont pas compétentes.
- La démocratie liquide permet la coopération et diminue la compétition : actuellement certains candidats passent plus de temps à financer des campagnes et à trouver des électeurs qu'à réellement s'occuper de la tâche que la communauté leur a confiée. La démocratie liquide leur permet de se reconcentrer sur l'essentiel.

- La démocratie liquide met en œuvre les principes d'intelligence collective et d'expertise. Il y a plus d'informations dans plusieurs têtes que dans une, et les experts peuvent travailler sur ce qu'ils connaissent bien.

Parmi les désavantages on peut noter :

- La rupture numérique : la démocratie liquide nécessite d'utiliser un logiciel et d'avoir une connexion Internet, ce qui exclut une certaine partie de la population.
- Le risque de *hacking* : la démocratie liquide reposant sur un logiciel, il se pourrait que des *hackers*, ou des collectifs informatiques organisés puissent fausser le résultat.
- Le risque de remplacer une oligarchie élective par une oligarchie technologique ou une oligarchie d'experts, ce qui peut également poser d'autres problèmes qu'il convient de jauger.

Recommandation : l'utilisation d'Internet et de ses avantages doit être considérée dans le design d'une nouvelle démocratie.

3.6 La démocratie « en cercle »

Ce cercle est symbolique, c'est un ensemble de personnes se mettent en cercle et discutent d'un sujet commun. Tout le monde est à égale distance du centre, l'égalité dans les débats est de mise. Les mouvements qui sont basés sur une communication en cercle sont présentés dans cette section.

3.6.1 Des indignés à Podemos

2011, l'Espagne est en plein chaos économique, la population gronde, les gens perdent leurs maisons, tout le monde est au bord du désespoir. C'est sur cette rage et se basant sur un manifeste de Stéphane Hessel (un ancien résistant français), intitulé *Indignez-vous !* que les Espagnols vont se mobiliser.

Les manifestations des indignés réunissent à intervalles réguliers des milliers voire des centaines de milliers de personnes et vont donner naissance à un mouvement politique : *Podemos*.

Podemos est une force politique qui représente actuellement 20 % de la population aux dernières élections de 2016 (Wikipédia, 2016). L'originalité de leur organisation repose sur la démocratie en cercle. Celui-ci est au centre de la gouvernance de ce nouveau parti politique.

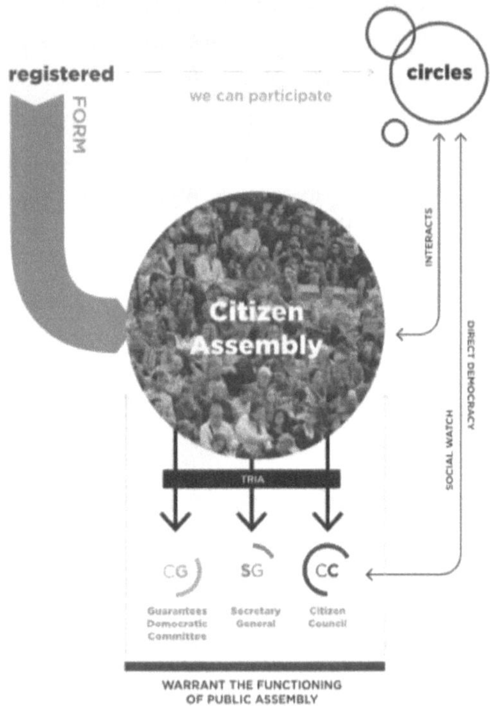

Fig. 4 : Schéma organisationnel de Podemos (Podemos, 2016)

« Les cercles sont des associations volontaires et ouvertes où les gens qui se réunissent s'intéressent à la transformation sociale fondée sur le respect de la démocratie, de la dignité et des droits de l'homme » (Podemos, 2016).

Un village, un quartier, une communauté peut donc spontanément fonder un cercle. Cette réunion va permettre à tous les membres de la communauté de relever les problèmes, d'essayer de les résoudre.

Le cercle peut être territorial ou sectoriel. Il doit compter au moins 5 personnes et ne peut être dupliqué sur une même zone territoriale. L'inscription à *Podemos* n'est pas nécessaire pour faire partie d'un cercle.

Podemos a aussi son propre forum en ligne, la « *Plaza Podemos* » où tous les sujets de fond peuvent être discutés ensemble. Un système de cotation met en lumière les sujets les plus populaires.

Le reste de l'organisation (régionale et nationale) de *Podemos* est composé d'assemblées élues de citoyens, d'un conseil de direction, et de commissions et présente, à mon sens, moins d'intérêt en termes de renouveau démocratique.

Dans la même mouvance, le mouvement *Occupy* aux États-Unis, et *Nuits Debout* en France, ont donné des mouvements similaires, sans arriver à une représentation politique aussi importante.

La création quasi organique des cercles est intéressante à analyser. Cela met de l'agilité dans le concept démocratique. Le citoyen lambda se désintéresse de la politique, car il sent que les dés sont pipés, le système de cercles est proche du citoyen, et permet d'intervenir sur les problématiques réelles. Le cercle est une bonne méthode pour remonter du bas vers le haut.

3.6.2 L'holacratie, inspirée par l'entreprise

L'holacratie est une méthode d'organisation des entreprises inventée par Brian Robertson en 2001, pour la gestion de sa société d'informatique Ternary software. Elle est maintenant utilisée dans des sociétés de toutes tailles comme Zappos ou Danone. L'holacratie part d'un constat : le modèle de gestion des entreprises ne convient plus aux demandes des clients, des employés. Elle met donc en place des équipes auto-organisées qui ont leur propre pouvoir de décision (HOLA, 2016).

Dans les grandes lignes, nous pouvons résumer la philosophie de l'holacratie de la manière suivante :

Les associés d'une organisation sont tenus d'exécuter des rôles, une tâche de l'organisation, une personne pouvant avoir plusieurs rôles. Le rôle est distinct de la personne qui l'exécute. Chaque personne associée à un rôle a pleine autorité sur la prochaine action.

Le cercle est une entité organisationnelle, une sorte de cellule vivante, elle est un rôle ou un ensemble de rôles. Par exemple : le cercle marketing, le cercle des ventes, le cercle de la direction générale. Une personne peut appartenir à un ou plusieurs cercles.

Le « responsable » du cercle est appelé « premier lien du cercle », il est chargé de la gestion du cercle et d'assigner les personnes aux rôles. Il y a également un « deuxième lien du cercle » qui se concentre sur les tensions existant dans le cercle. L'autorité est en quelque sorte binomiale.

Trois types de réunions « structurantes » sont conduites dans un cercle :

- la réunion de gouvernance, où on travaille uniquement sur l'organisation, sans jamais aborder de points opérationnels, on parle de rôles et de voir comment améliorer l'organisation globale. La réunion de gouvernance est souvent mensuelle ;
- la réunion stratégie permet de définir les grands axes stratégiques de l'entreprise. La réunion stratégie est souvent biannuelle ;
- la réunion de triage où on travaille dans l'organisation sur des sujets concrets. Le but de la réunion de triage est de remonter les données de l'activité, synchroniser l'équipe, et lever les obstacles qui empêchent d'avancer. La réunion de triage est souvent journalière.

Le rôle et le cercle ont donc une autonomie propre.

Selon moi, l'holacratie appartient à une nouvelle génération de méthodes sociétales et il est intéressant d'en retirer certains enseignements fondamentaux :

- l'holacratie croit en l'intelligence de l'individu et favorise son autonomie et sa responsabilisation ;
- l'holacratie essaie d'apporter une réponse à la « liquéfaction constante » de la société actuelle (voir les travaux du sociologue Zygmund Bauman) où les citoyens ne souhaitent plus d'organisation « *top-down* » mais « *bottom-up* ». Une transpo-

sition de certains principes de l'holacratie dans nos organisations actuelles permettrait d'avancer dans ce sens.

Pour une transposition démocratique des principes de l'holacratie, on pourrait en reprendre la substance pour l'organisation même de cercles de gouvernance.

3.6.3 Le budget participatif, de Porto Alegre à Paris

Le budget participatif est une méthode de gouvernance qui permet d'attribuer une fraction d'un budget à des appels d'offres citoyens.

La méthode de fonctionnement est la suivante :

- appel à projets citoyens via soit un site Internet soit par des assemblées citoyennes ;
- dépôt et analyse de faisabilité par l'autorité compétente ;
- choix final des projets par l'autorité compétente ou par un conseil citoyen, ou encore par un *mix* des deux.

La méthode des budgets participatifs est née à Porto Alegre au Brésil dans les années 80, elle s'est répandue dans le monde pour arriver dans plusieurs villes françaises aux élections municipales de 2014, dont l'emblématique Paris.

En 2018, 210 000 personnes ont voté, 1924 projets ont été déposés et 180 projets ont été retenus pour une attribution pour ± 100 millions € de budget (BUD, 2018).

Le budget participatif permet de recréer du lien, permet de présenter et d'exprimer sa voix concernant certains sujets et est une bonne première étape vers une disruption du système, particulièrement dans les villes où cette étape est peut-être nécessaire.

Recommandation : le système doit être conçu « du bas vers le haut » et doit prendre en compte un processus participatif.

3.7 La démocratie «en essaim»

Les fourmis, abeilles et autres termites sont des exemples d'insectes sociaux. Chaque insecte n'a pas la capacité de réaliser la plupart des actions nécessaires à sa survie (recherche de nourriture, d'un abri) mais c'est l'organisation globale qui permet à l'ensemble d'avoir une intelligence collective et de développer un comportement cohérent.

Thomas Seeley dans son livre *Démocratie des abeilles* (Seeley, 2010) a tiré cinq leçons des comportements des abeilles en application à nos sociétés et en particulier dans la gestion des décisions en groupe :

- le groupe doit avoir un respect mutuel et des intérêts communs ;
- il faut chercher à ce que le *leader* n'influence pas la décision du groupe ;
- il faut chercher des solutions diverses ;
- il faut rassembler des informations par le débat ;
- il faut utiliser le quorum comme prise de décision rapide.

Des chercheurs ont également investi le domaine de l'intelligence artificielle en simulant les intelligences en essaim, propres aux comportements des abeilles. Par exemple la plateforme Unu. ai a modélisé l'intelligence en essaim et en a fait un cas pratique de prise de décision collective.

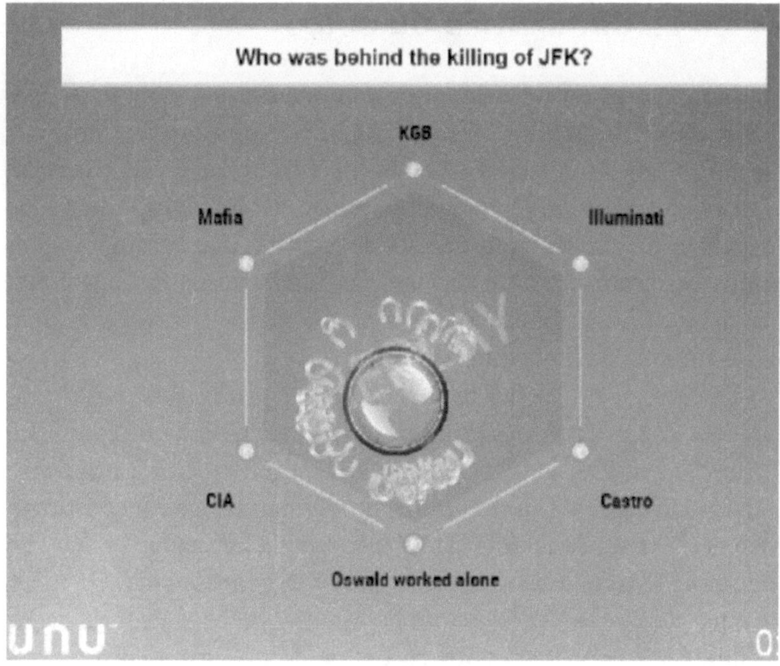

Fig.5 : Modélisation de la prise de décision collective
(UNU, 2017)

Le modérateur pose une question et chaque participant dispose d'un aimant pendant 60 secondes et essaie de «tirer la décision» à lui.

Ce type de procédure favorise la dynamique en temps réel et la prise de consensus.

Le domaine de l'intelligence artificielle appliquée à la démocratie n'en est qu'à ses balbutiements et, nonobstant le débat éthique, d'exclusion numérique ou de *hacking*, promet de belles choses en termes de décisions plus consensuelles.

Recommandation : le système peut être soutenu par des processus digitaux, pour autant qu'ils n'induisent pas d'exclusion numérique, et que leur incorruptibilité est prouvée.

3.8 La démocratie du corps

Notre corps est lui-même une démocratie auto-organisée. Il est composé de différents systèmes : système respiratoire, système nerveux, système circulatoire… Le tout est coordonné par le cerveau.

Le verbe coordonner a son importance. Chaque organe a sa fonction bien précise, le cœur permet de faire circuler le sang, les poumons de respirer… L'un ne peut pas faire la tâche de l'autre mais ils ont tout intérêt d'être coordonnés pour pouvoir réagir à toutes les situations de la vie extérieure.

Le cerveau est le chef mais il existe des procédures pour les cas urgent : par exemple les réflexes, qui permettent d'outrepasser un ordre du cerveau. Le système doit constamment être à l'équilibre. Le cerveau n'est pas au-dessus des autres organes, le tout constituant du corps est supérieur à la valeur intrinsèque de chaque organe. Un poumon ne sert à rien s'il ne peut pas réoxygéner le sang. De même le sang qui circule via le cœur a besoin d'oxygène. Le cerveau coordonne également les actions en cas de stimuli extérieurs. Si vous allez courir, votre température corporelle augmente et votre organisme se met en route pour évacuer cette chaleur, sous l'influence du cerveau.

Donc le corps peut être une source d'inspiration pour une nouvelle démocratie par les notions suivantes :

- un besoin de coordination dont notre corps a besoin ; le corps n'a pas de chef mais a besoin de se coordonner pour gérer au mieux les stimuli ;
- chaque organe a sa fonction propre mais n'est rien sans l'autre ; un organe ne prend pas la prééminence sur les autres, mais ils sont coordonnés par le cerveau. L'ensemble des organes est donc plus important que le cerveau qui est le coordinateur ;
- la nécessité d'un équilibre permanent pour réagir aux stimuli.

Recommandation : le système doit être coordonné et équilibré, la fonction de coordination doit avoir la prééminence sur les autres fonctions, mais le groupe doit avoir la prééminence sur la fonction de coordination.

3.9 La démocratie selon Bouricius

Bouricius est un chercheur américain qui a publié en 2013 (BOU, 2013) un article sur une forme de démocratie à tirage au sort. Il s'inspire pour cela du modèle de démocratie athénienne et en a recherché les possibilités d'adaptation au monde moderne.

Bouricius propose donc un modèle de référence d'organisation du pouvoir basé sur deux principes, le tirage au sort et la répartition du pouvoir entre plusieurs organes. Il précise que son modèle est flexible et doit être adapté en fonction des circonstances.

Le modèle se compose de la manière suivante :

- le conseil de définition des priorités, qui fixe l'ordre du jour. Il ne doit ni écrire les lois, ni les voter ou quoi que ce soit d'autre. Ce corps pourrait être constitué en utilisant un principe de tirage au sort et de vote à la majorité de deux tiers. La durée du mandat pourrait être d'une année. Le mandat serait rémunéré. L'objectif de cette chambre est de fixer les objectifs d'une manière rationnelle, et non en fonction de groupes de pression, et d'échéances électorales ;
- le panel d'intérêt, avec comme responsabilité de proposer des lois mais pas de les adopter. Au niveau local, les panels d'intérêt auraient la possibilité de se rencontrer mais il préconise, pour un point de vue pratique, de collaborer via Internet. Les panels se composent sur une base volontaire. Ils pourraient éventuellement être répartis par tirage au sort. Plusieurs panels sur un même sujet pourraient être constitués. Ils ne sont pas rémunérés. Ils peuvent faire autant de propositions qu'ils le veulent ;
- le conseil d'examen, chargé de prendre les propositions et de les rédiger. Le mode de sélection est le tirage au sort sur une

base volontaire. Le membre d'un conseil d'examen ne peut pas choisir le sujet sur lequel il peut travailler. Les membres seraient rémunérés. Au niveau municipal, ils se réuniraient le soir ou le week-end. Le conseil aurait pour fonction la tenue d'audiences et pourrait également inviter des experts. Il rédigerait les lois en se servant des rapports des panels d'intérêt, de leurs délibérations et des rapports d'experts ;

- le jury des politiques publiques, désigné par tirage au sort d'un échantillon représentatif. Le mandat serait court et rémunéré. Le jury écouterait les pour et les contre d'une proposition et voterait par bulletin secret ;
- le conseil des réglementations, tiré au sort, qui établirait les règles et les procédures pour les autres panels et conseils. Les membres auraient des mandats limités. Leur intérêt serait d'assurer le fonctionnement le plus juste du système.

Ce modèle de référence peut être adapté en fonction des circonstances et des besoins, notamment locaux. Bouricius propose ici un modèle intéressant, uniquement basé sur le tirage au sort. La force de ce modèle est de proposer un système complet, basé sur le tirage au sort. Il est théoriquement incorruptible pour un lobby, car le jury des politiques publiques qui décide se réunit pour une seule décision et est constitué pour cette décision-là. Ce modèle est à mon sens un certain idéal à atteindre.

Sa faiblesse est son aspect purement théorique. On a une description d'un système, mais aucune manière, aucun chemin pour passer du système actuel à celui qui est préconisé. Les changements aussi radicaux ne sont jamais déroulés sans heurts dans l'histoire. Le modèle offre néanmoins un cadre conceptuel très intéressant pour se projeter dans un autre système de gouvernance.

Recommandation : le système doit avoir une composante de tirage au sort dans les modes de choix.

3.10 Des communes à l'avant-garde

Direction la Drôme, village de Saillans. Cette petite bourgade offre un cas pratique très intéressant de mise en route d'une participation accrue et d'une dilution du pouvoir au sein d'une entité locale.

En 2014, excédés par certaines décisions unilatérales de leur maire, les habitants décident de se réunir et de convenir d'un nouveau modèle d'organisation pour la commune.

Ils décident dans un premier temps de réfléchir sur les décisions, sur leur commune, sur leur avenir. Ils se rassemblent, établissent des commissions, et montent une liste, qui remporte les élections.

Cette légitimité obtenue, ils mettent en route leur modèle.

Le schéma organisationnel ci-dessous reprend les principaux éléments du modèle de Saillans.

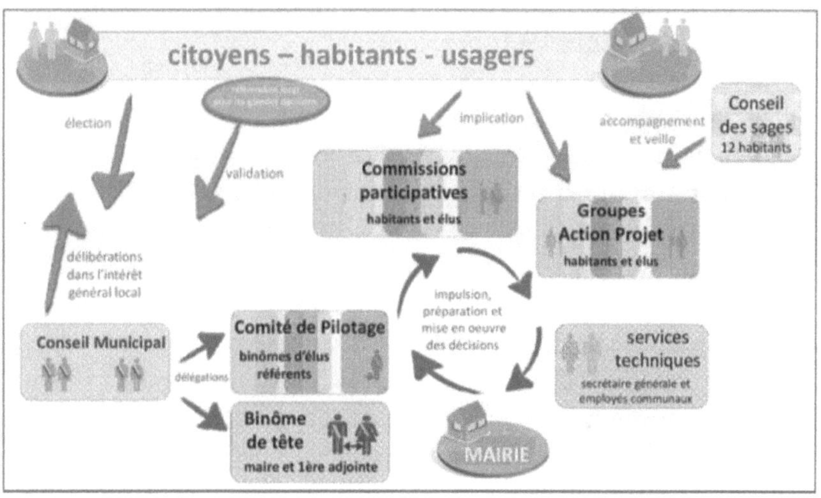

Fig. 6 : Schéma organisationnel de Saillans (SAI, 2019)

Dans ce modèle, nous avons :

- les commissions thématiques : elles couvrent les domaines de compétences de la commune. Tous les citoyens peuvent s'inscrire aux commissions thématiques. Les commissions se réunissent deux fois par an et sont chargées de recueillir les appels à projet et de les hiérarchiser ;

- les groupes action-projet (GAP), sont des commissions chargées d'analyser un projet bien précis et ce pendant un temps limité. La mission d'un groupe action-projet est d'analyser un projet de A jusque Z, d'en faire une proposition et une étude de faisabilité. Les groupes d'action-projet sont gérés par un binôme d'élus référents et par un animateur. Les membres du GAP sont volontaires au sein du groupe ;
- les élus référents (dont le binôme de tête) : par binôme ou trinôme, ils gèrent un thème précis de la commune. Ils sont légalement élus, le temps de la mandature. Les élus référents sont responsables des commissions de leur compétence ;
- le comité de pilotage : il rassemble les élus référents et remplace le conseil des adjoints. Ce comité de pilotage est public ;
- l'observatoire : il permet d'observer le respect des règles, la dissémination dans d'autres communes, et de traiter les plaintes relatives à la procédure.

La force du modèle de Saillans est d'avoir introduit une vraie participation dans la structure. Les personnes qui souhaitent s'investir dans un projet peuvent le faire, sans devoir copiner avec un élu, ils constituent un groupe d'action-projet et ils avancent.

Une autre commune, un principe similaire : Vandoncourt, une petite commune du Doubs (25), est organisée depuis plus de 40 ans selon le principe de démocratie participative. Cette longévité exceptionnelle est notable et prouve qu'un projet de démocratie participative est possible sur le long terme et donne d'excellents résultats.

Le socle de leur organisation est un ensemble de 8 commissions chapeautées par un élu. Les commissions reprennent différents thèmes de la commune. Environ 20 % de la population active participe aux commissions. Les réunions ont lieu une fois par mois. Le mode de décision est la décision consensuelle. Si pas de décision consensuelle, un vote est organisé. En cas de désaccord profond, la décision est de reporter la décision afin de prendre le temps, et de mûrir les décisions. L'élu référent est chargé de finaliser le projet pour le présenter au conseil qui fixe les priorités.

Tous les projets seront réalisés un jour, mais le conseil garde la prérogative des décisions finales.

Remarquable également : à titre d'intégration, les nouveaux habitants reçoivent un guide d'accueil de la commune. Il y a également une cérémonie d'accueil qui est organisée pour eux. 50 % des habitants prennent directement part à l'animation du village.

Autre pays, autre exemple : Marinaleda, un village isolé d'Andalousie organisé selon le modèle de coopérative (Positivr, 2015).

Historiquement, il s'agit d'un village de paysans sans terre. Après 15 ans de luttes, ils obtiennent le droit de cultiver leurs terres. Ils se sont organisés selon un modèle de coopérative locale. Tout le monde, ou presque, travaille à la coopérative d'olives et d'artichauts. Tout le monde perçoit le même salaire, et les bénéfices sont réinjectés dans le bien public.

Le bien public est commun. La crèche coûte 15 €/mois, les livres sont gratuits dans les écoles et les maisons ont un loyer de 15 €/mois pendant 90 ans. Comment en arriver à un loyer aussi bas ? Un subside social de 24 000 € est accordé par la région, qui permet de couvrir les frais de matériaux. Le terrain est fourni gratuitement par la municipalité et les habitants sont tous auto-constructeurs de leur maison.

Le modèle de gouvernance est un conseil de village, convoqué à la demande quand il y a un problème, plus ou moins 50 fois par an. Il est présidé par le Maire. Le Maire est un ouvrier agricole, il ne se verse pas de salaire et ne décide jamais seul. Le vote se fait à main levée.

Cet exemple est proche de l'idéologie communiste et peut avoir ses détracteurs, mais il est marquant de penser que si les gens le souhaitent, ils peuvent s'organiser de cette manière et concevoir une autre idéologie, une autre conception de la vie.

Recommandation : la composante locale du système doit être la base du système total, elle doit comprendre un système de participation ainsi qu'un système de coopération.

4

À la recherche des éléments d'un modèle

Place à la théorie, cette section se veut la boîte à outils de cet ouvrage. On essaie de trouver, dans l'ensemble des exemples précédents, des éléments distincts qui nous permettront de construire le modèle final.

4.1 Les organes du pouvoir

L'objectif de cette section est d'identifier les structures organisationnelles possibles du pouvoir, ce qui signifie simplement : comment les personnes intéressées par l'exercice du pouvoir vont-elles pouvoir se rassembler ? Quelles sont les institutions disponibles ?

4.1.1 Le forum

Le forum est un lieu de rencontre et de discussion sur plusieurs thèmes. Le but du forum est d'être un lieu de partage, d'expression libre voire d'information sur des évènements.

Le forum peut être *online* ou *offline* ou une combinaison des deux.

Par exemple :

- forum de Davos qui rassemble tous les acteurs éminents du monde économique ;

- groupe ouvert sur Facebook : les éleveurs de chiens qui rassemblent les bonnes pratiques d'éducation de nos fidèles compagnons ;
- plaza *Podemos*, qui rassemble les idées des membres du parti *Podemos*.

4.1.2 L'assemblée

L'assemblée est une réunion de personnes à une date déterminée pour parler d'un sujet déterminé. L'assemblée a très souvent la prérogative du vote et de la décision.

Par exemple :

- une chambre ou un sénat est une assemblée ;
- l'assemblée générale d'une ASBL qui permet de prendre des décisions relatives à cette ASBL.

4.1.3 Un conseil

Un conseil est une réunion de personnes choisies ayant une compétence précise et ce pendant un temps limité, en général appelé mandature.

Par exemple :

- un conseil des ministres ;
- un conseil communal.

4.1.4 Une commission – Mini-Public – Jury – Cercle

Une commission est un groupe de personnes chargées d'approfondir un sujet précis et ce pendant un temps limité. Ce groupe de personnes se dissoudra lors de la remise d'un rapport de conclusion.

Soit la commission est issue d'un groupement précis par cooptation, soit la commission peut également être tirée au sort.

La différence avec le conseil est la notion de projet précis. Une commission s'occupe d'un sujet précis, un conseil a en général des compétences plus larges, et moins limitées dans le temps.

Par exemple :

* commission parlementaire Publifin, en Belgique, pour enquêter sur le scandale des intercommunales ;
* jury d'assise : tiré au sort, il est chargé de juger de la culpabilité d'un homme ;
* les cercles d'organisation de *Podemos*.

4.1.5 Un expert

Un expert est une personne dotée d'une compétence précise.

L'expert est souvent chargé soit d'apporter un éclairage concernant une problématique précise, soit d'exercer une fonction qui nécessite une formation adéquate.

Par exemple

* un médecin épidémiologiste pour des questions de santé publique ;
* un consultant en informatique ;
* un médiateur.

4.2 Les outils de choix

Comment choisir, comment décider ? Quelle est la typologie de tous les modes de choix possibles ?

4.2.1 L'élection par vote

On peut distinguer trois grands systèmes électoraux principaux qui ont chacun leurs avantages et leurs inconvénients (Ace, 2017) :

* le système majoritaire : le candidat qui a obtenu le plus de voix, sur une circonscription donnée, décroche le poste ;
* le système proportionnel : les élus sont déterminés en fonction du résultat global ;
* le système semi-proportionnel : intermédiaire entre les deux autres.

Les analyser en profondeur n'est pas le but de cet essai. Remplacer un système électif par un autre, sans introduire de concepts nouveaux ne sert strictement à rien. Tout système électif tend à se corrompre de lui-même. Ce qui ne veut pas dire qu'il faut nécessairement supprimer le système électif et le remplacer brutalement par un autre. Une combinaison d'élections et d'un autre mode de choix est probablement la voie à suivre.

Pour une description approfondie, nous vous conseillons de consulter le site http://aceproject.org/ qui se veut une bible dans le domaine.

Notons tout de même le vote pondéré ou par gommette, qui sont des formes de vote adaptées aux petites assemblées (maximum 50 personnes) et qui peut être un mode de choix adapté pour les petites réunions, afin de pouvoir décider :

- le vote pondéré existe sous plusieurs formes, une forme commune étant de donner un poids relatif à chaque proposition. Par exemple 3 points pour le premier choix, 2 points pour la deuxième, et 1 point pour le troisième. La proposition qui récolte le plus de suffrages est considérée en premier lieu ;
- le vote « par gommette » : chaque participant a par exemple 3 gommettes, et peut soit mettre les 3 gommettes sur un projet, ou sur trois projets différents ou encore sur deux projets. La proposition qui récolte le plus de suffrages est considérée en premier lieu.

4.2.2 Le tirage au sort

Le tirage au sort aléatoire ne fixe pas de règles préliminaires. On met les noms de tout le monde dans une urne, on tire au sort, et les personnes choisies sont convoquées.

Le tirage au sort sur une base volontaire se distingue par le fait qu'un appel préalable à volontaires est fait et que l'on tire au sort parmi ces volontaires. Parmi les sélectionnés, des critères de sélection peuvent être ajoutés (absence de casier judiciaire, absence de conflit d'intérêt...) afin d'avoir le meilleur échantillon possible à ce niveau.

Le tirage au sort avec échantillon représentatif permet d'avoir une représentation fidèle de la population. Il nécessite tout de même des échantillons importants. Par exemple, pour une population de 7 000 personnes, il est nécessaire d'avoir un échantillon de 1 788 personnes (CHE, 2018), soit ± 25 %. L'échantillon représentatif ne peut donc pas facilement être utilisé au niveau local, ce chiffre restant trop grand proportionnellement à la population globale pour les petites entités.

Par contre il est possible à un niveau plus élevé d'imaginer une assemblée représentative par tirage au sort. Pour représenter une population de dix millions de personnes, 2 401 personnes sont nécessaires pour représenter un échantillon. (Confiance 95 %, marge d'erreur de 2 %, CHE 2018) Ce qui signifie que l'on peut facilement imaginer de rassembler ce nombre de personnes, physiquement ou informatiquement, pour prendre une ou plusieurs décisions.

4.2.3 La nomination

Plusieurs personnes se rassemblent, en commission, en assemblée ou en conseil et nomment un expert qui est proposé en général par un appel à candidatures, ou par cooptation. La personne présente ses qualifications, et l'ensemble choisit la personne pour réaliser la charge ou la fonction définie.

4.2.4 Le concours

Le concours permet de recruter des profils précis. En général, le concours fait l'objet d'une procédure, avec des questionnaires en relation avec l'expertise recherchée.

- Exemple : examen d'entrée dans les universités.

4.2.5 L'appel à candidats

L'appel à candidats est un appel concernant une fonction à pourvoir.

- Exemple : offre d'emploi

4.3 Les mécanismes d'initiative

Les outils d'initiative populaire permettent de contester une démarche initiée par un pouvoir.

4.3.1 Le référendum

Le référendum est un vote direct des citoyens concernant en général un point précis. Par exemple «pour ou contre le Brexit».

Le référendum est dit obligatoire lorsqu'il est prévu par la constitution d'un pays (par exemple pour l'entrée d'un pays dans une organisation internationale) ou facultatif lorsqu'il est fait à la demande d'un pouvoir exécutif, législatif ou citoyen.

4.3.2 La pétition

Une pétition est une requête par écrit adressée à une autorité. La pétition a pour but de sensibiliser l'opinion publique et les autorités compétentes sur une situation.

4.3.3 La manifestation

La manifestation est un rassemblement de personnes pour protester contre un fait précis. Il peut s'agir d'une grève ou d'une manifestation d'ordre plus général qui défend une idéologie précise.

4.3.4 Le droit d'interpellation

Le droit d'interpellation est le droit d'un citoyen d'intervenir lors d'un conseil. Ce droit n'est disponible que dans certains endroits dans le monde, notamment dans certains conseils communaux de Belgique.

4.4 Les méthodes d'animation et de facilitation

Le succès d'une nouvelle démocratie repose aussi sur un nouveau type d'animation. L'essentiel est de mettre en place un système *bottom-up*, du bas vers le haut, chacun ayant en soi des idées qu'il peut partager. Dans la rubrique ci-dessous, je propose certaines méthodes d'animation ou de gestion de réunion pour pouvoir stimuler un processus *bottom-up*.

4.4.1 Le principe de base : la pensée divergente, le chaos et la pensée convergente

Comment faire exploser les idées ? La résolution de problèmes complexes nécessite souvent la mise en place de techniques de facilitation. Plusieurs auteurs ont étudié le phénomène, un des plus pragmatiques et utiles est certainement Sam Kaner qui, dans son livre *Facilitator's Guide to Participatory Decision-Making* (KAN, 2014), résume la procédure avec le « Diamant de Kaner ».

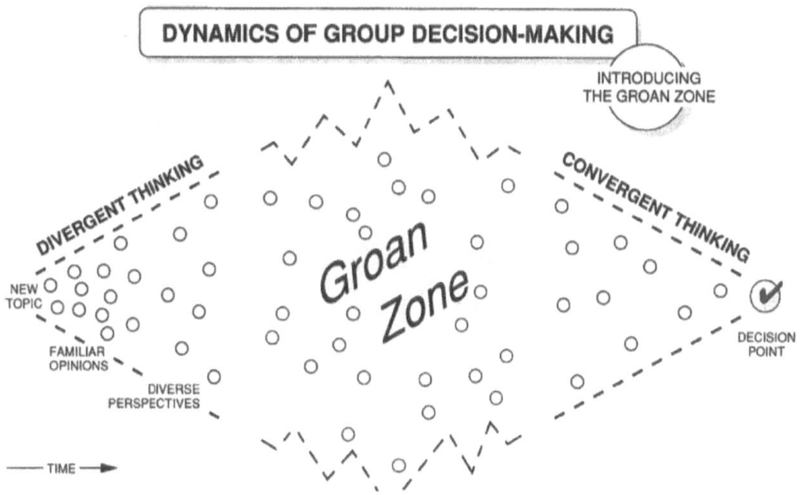

Fig. 7 : Diamant de Kaner.

Dans un groupe ayant pour but de résoudre un problème complexe, on peut, grâce à des méthodes de facilitation, mettre le groupe en conditions pour qu'il ait toutes les armes à sa disposition pour venir à bout de sa mission.

Au niveau organisationnel, voici en général comment cela peut se dérouler :

- l'ensemble des participants se placent en général en cercle ou autour d'une table, l'important est que chaque participant puisse voir les autres. Un tableau blanc, ou un mur d'idées (si on travaille avec des *Post-it*) peut être utile comme support de la réunion ;
- un animateur est désigné par l'assemblée, soit par consensus, soit par tirage au sort, soit sur une base volontaire. Il est chargé de noter les idées et de relancer les débats quand cela est nécessaire. Souvent l'animateur est à la base de la réunion et l'a préparée ;
- un thème est déclaré, en général le thème est annoncé à l'avance pour tous les participants. Par exemple : « Comment disrupter la démocratie, une idée ? »

Dans l'opérationnel, il y a en premier lieu une phase de divergence dans laquelle beaucoup d'idées sont émises, débattues.

Par exemple, le groupe peut commencer par un *brainstorming*. Ce terme signifie littéralement une « tempête de cerveaux ». Le but du *brainstorming* est de générer un maximum d'idées en peu de temps.

L'importance dans un *brainstorming* est de fixer des règles de base, par exemple, j'applique souvent celles-ci :

- pas de jugement ;
- beaucoup d'idées, toutes les idées sont les bienvenues et surtout des idées folles ;
- construire sur les idées des autres, essayer de rebondir.

Le groupe, après un certain temps, entre dans une phase de chaos, les personnes se demandent ce qu'elles font, les idées n'émergent plus. Il est nécessaire pour le facilitateur de passer à la phase suivante. Il peut proposer par exemple de classer les idées générées selon des critères prédéfinis, de lister les idées dans une carte heuristique ou de voter (la technique la plus populaire étant le vote par «gommette») pour identifier les idées les plus importantes aux yeux du groupe.

Vient alors la phase de convergence. Un débat doit avoir lieu, un jugement à ce stade peut être posé. Le groupe de personnes retravaille les différentes idées une à une dans un principe de pensée convergente. Il faut arriver à la meilleure solution compte tenu des contraintes (temps, argent, espace…).

Ensuite le groupe décide. Soit par consensus, consentement ou en utilisant des méthodes spécifiques comme les «*gradients of agreement*» de Sam Kaner.

Les principes de ces décisions sont bien entendu adaptés aux questions complexes et de fond. Si chaque année une commune a besoin de 100 tonnes de sel pour épandre sur les routes en hiver, qu'il n'y a pas de surstock et que c'est une bonne décision, elle doit rentrer dans le rang des décisions récurrentes. Mais si l'enjeu est «Comment aménager le centre-ville de notre commune», les méthodes précitées conviennent parfaitement à l'objet de ce type de réunion.

4.4.2 Une méthode spécifique aux communautés locales : l'atelier de l'avenir

Les ateliers de l'avenir (*Zukunftswerkstatt*) ont été créés en Allemagne par Robert Jungk et Norbert Müller en 1954. Ils souhaitaient trouver des méthodes permettant l'approfondissement de la démocratie, en partant des problématiques locales. Selon eux, chaque habitant d'un quartier est à lui seul un réservoir d'idées positives concernant le quartier et il faut dépasser la posture silencieuse classique de la majorité des habitants d'un endroit.

Les ateliers de l'avenir se déroulent en trois phases, un thème préalable ayant été convenu :

1) le diagnostic critique : on demande aux participants de formuler sur des *Post-it* leurs doléances, c'est-à-dire de s'exprimer sur ce qui ne va pas. Les participants vont alors exposer

ces doléances devant le groupe, et ils sont regroupés par thèmes, soit par les participants, soit par l'animateur ;

2) la deuxième phase est le rêve : on demande aux participants de se projeter dans l'avenir, de construire la situation idéale, et les idées sont aussi classées par thèmes. En général, on repart de la phase problème et on inverse la situation. Par exemple : il n'y a pas de commerces en centre-ville devient : le centre-ville est plein de commerces mais quels commerces ?

3) la dernière phase est celle du plan d'action : il s'agit de revenir à la réalité et d'imaginer un plan pour aller de la phase des problèmes à la phase de la situation idéale. Les participants imaginent dès lors des objectifs et des plans d'action.

Un compte-rendu complet est envoyé à chaque participant de la réunion après celle-ci. Il a pour but d'être la mémoire de la réunion. Très souvent les ateliers de l'avenir sont suivis par des groupes de projet, qui approfondissent l'une ou l'autre problématique.

4.4.3 Une méthode d'estimation des actions : le « GovCanvas »

Le « GovCanvas » est un outil issu de « Canvas », une méthode de positionnement des entreprises, très courante dans le monde des entreprises de haute technologie (Strat, 2017). Il permet de résumer une stratégie sur une feuille A4, et force le stratège à résumer sa pensée aux éléments essentiels et à ne pas se perdre dans les détails. La méthode Canvas est très utile dans les études de positionnement initial d'un couple produit-marché, ou pour lancer une activité.

GovCanvas est une adaptation de cette méthode aux institutions publiques. À l'origine plus orienté vers les services numériques, il est à mon sens tout à fait adapté pour l'estimation de tous types d'actions dans le secteur public.

Il permet de fournir un cadre simple pour l'estimation du bien-fondé d'une action publique. Il résume une action du secteur public en une seule page et peut être un outil de soutien à la décision et d'évaluation des politiques publiques.

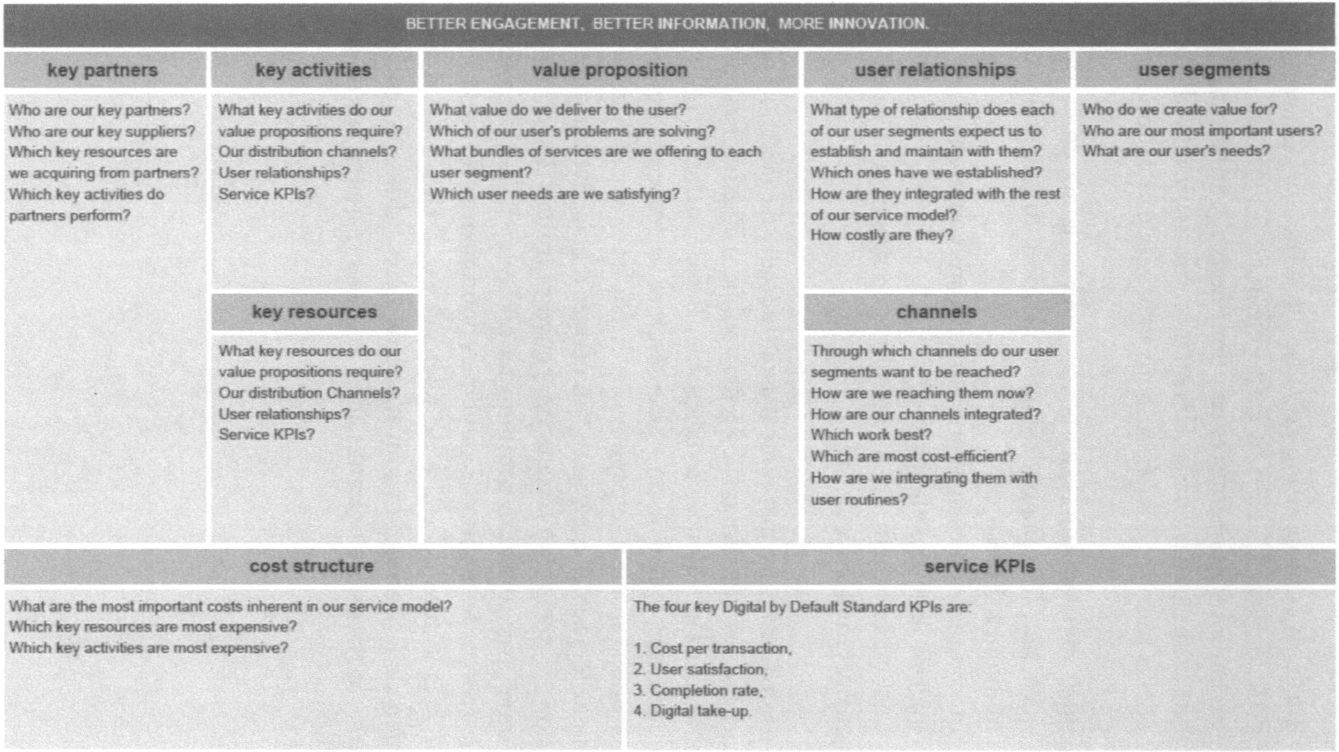

BETTER ENGAGEMENT, BETTER INFORMATION, MORE INNOVATION.				
key partners	**key activities**	**value proposition**	**user relationships**	**user segments**
Who are our key partners? Who are our key suppliers? Which key resources are we acquiring from partners? Which key activities do partners perform?	What key activities do our value propositions require? Our distribution channels? User relationships? Service KPIs?	What value do we deliver to the user? Which of our user's problems are solving? What bundles of services are we offering to each user segment? Which user needs are we satisfying?	What type of relationship does each of our user segments expect us to establish and maintain with them? Which ones have we established? How are they integrated with the rest of our service model? How costly are they?	Who do we create value for? Who are our most important users? What are our user's needs?
	key resources		**channels**	
	What key resources do our value propositions require? Our distribution Channels? User relationships? Service KPIs?		Through which channels do our user segments want to be reached? How are we reaching them now? How are our channels integrated? Which work best? Which are most cost-efficient? How are we integrating them with user routines?	

cost structure	**service KPIs**
What are the most important costs inherent in our service model? Which key resources are most expensive? Which key activities are most expensive?	The four key Digital by Default Standard KPIs are: 1. Cost per transaction, 2. User satisfaction, 3. Completion rate, 4. Digital take-up.

Fig. 8 : Modèle de GovCanvas (Tong, 2015)

Ce modèle pose 9 questions fondamentales :

- quelle est la proposition de valeur de la mesure ? Qu'apporte cette mesure ? Quels sont les problèmes qui sont résolus ?
- quelles sont les ressources clés dont nous avons besoin ?
- quels sont les partenaires clés qu'il est nécessaire de solliciter ?
- quelles sont les activités qui sont sollicitées par la proposition de valeur ?
- quels sont les utilisateurs/bénéficiaires de la mesure ?
- quels sont les canaux de communication utilisés pour communiquer la mesure ?
- quels sont les messages que nous devons communiquer ?
- quel est le coût de la mesure ?
- quel est le bénéfice de la mesure et comment le mesurer de manière objective ?

Le GovCanvas permet donc d'avoir un cadre d'évaluation pour chaque mesure concernant le secteur public. Ce dernier est améliorable, par l'expérience, et adaptable. Il faut surtout retenir de cette méthode, le fait qu'on puisse résumer l'essence même d'une action publique sur une page A4, et le fait de se poser systématiquement les mêmes questions, qui permet d'objectiver la prise de décision. Il serait intéressant de pouvoir justifier les décisions publiques avec un cadre commun tel que celui-ci. Les personnes intéressées par les politiques publiques pourraient se former facilement à la lecture du cadre de référence et se faire leur propre opinion de la justesse ou non d'une décision. Moins de chiffres cachés, de statistiques arrangeantes, une transparence accrue des décisions.

4.4.4 Une bonne manière de communiquer : la communication saine

Le bonhomme « O S B D »

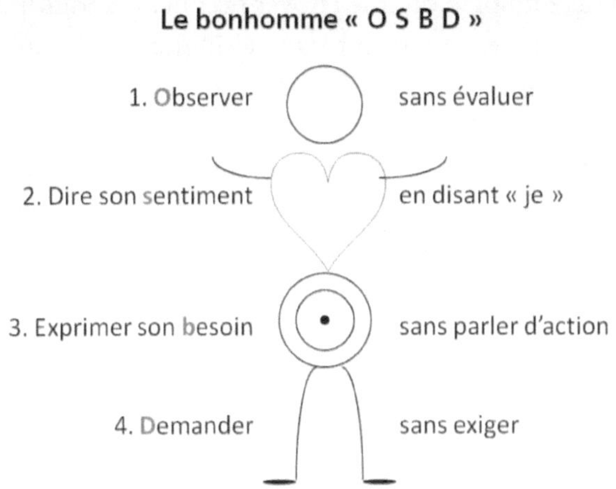

Fig. 9 : Communication saine (ou non-violente) (PAP, 2018)

La communication non-violente, ou communication saine est un ensemble de règles simples pour «réguler» la communication.

Elle peut être résumée par la phrase suivante : *Quand je vois/ j'entends [décrire la situation sans juger], je ressens [citer l'émotion ressentie] car j'ai besoin [décrire le besoin] alors je demande [citer l'action qui viendra satisfaire le besoin]* (PAP, 2018).

Ou autrement dit dans notre cas : quand je vois le monde actuel, je ressens une peur profonde, car j'ai besoin d'un avenir pour mes enfants, alors je demande un autre système.

Ces règles de communication sont utiles à rappeler lors de débats, qu'ils soient en ligne ou hors ligne, car les déviations par rapport à une ligne éthique correcte sont monnaie courante. La communication saine permet de définir un cadre de référence pour le style de communication dans des forums ou des assemblées.

4.5 Les outils numériques

Internet bouge, les citoyens bougent. Le mouvement appelé *Civic Tech* (technologie pour le citoyen) est né. De multiples entreprises, communautés, s'activent dans le monde entier afin d'intégrer des technologies à l'amélioration de la politique et de la participation. Être exhaustif dans ce domaine relève de l'impossible et n'est pas le but. Nous allons simplement tracer les principales tendances et les principaux outils en vue à l'heure actuelle, sachant que dans un domaine aussi mouvant que la haute technologie, la vérité d'un jour n'est pas celle du lendemain.

4.5.1 Le forum Internet

Le forum Internet est simplement un lieu de discussion et de partage. Le forum en question doit concerner par exemple l'ensemble des citoyens d'une commune, qui peuvent émettre des idées sur leur commune, partager des évènements, faire connaître les artisans et commerçants de la région.

L'outil le plus simple à cet effet est un réseau social. Le plus connu est bien entendu Facebook, et sa notion de groupe privé. On pourrait aussi citer des alternatives *open source* telles que Humhub.

Le plus important est l'inscription facile et le fait que les membres du groupe n'hésitent pas à poster un évènement ou à faire une suggestion.

4.5.2 Les plateformes de décision collaborative

Les plateformes de décision collaborative permettent à un groupe de personnes de débattre et de construire une décision à partir de l'intelligence collective.

Les plateformes peuvent être utilisées en ligne ou faire l'objet d'une installation sur un serveur propre. Elles disposent d'outils de débat, de vote, d'amendement et de proposition. Elles fonctionnent également en mode asynchrone, à l'instar des réseaux sociaux, ce qui signifie que l'on peut travailler quand on le souhaite sans contrainte de temps, de réunion.

Parmi ces plateformes, on peut noter les outils tels que Loomio (www.loomio.org), la plateforme DemocracyOS, ou encore le logiciel Liquidfeedback qui supporte le processus de démocratie liquide. On pourrait également considérer certains réseaux sociaux comme des alternatives, tel Facebook (possibilité de vote via le « j'aime » ou la possibilité de sondages) mais les outils précités offrent des solutions qui permettent de respecter la vie privée, des outils de vote plus sophistiqués, et ils offrent également des possibilités d'amendements bien meilleures.

La plateforme de consultation populaire est une variante bridée, qui permet à une institution de mettre en ligne des projets et de recueillir l'avis des différentes personnes. Elles diffèrent des plateformes d'intelligence collective par le contrôle et la modération des débats par l'autorité et aussi le contrôle possible des informations par l'autorité. Elles sont de par leur définition même moins ouvertes que les précédentes versions. Elles représentent cependant un pas pour les autorités qui seraient craintives devant le processus participatif. Dans cette mouvance : Citizenlab, Civocracy…

Un outil de sondage permet donc d'organiser, à grande échelle, un sondage, une consultation concernant un sujet donné. Une application de sondage permet de donner un avis, mais ne permet pas de débat comme dans les précédentes plateformes. Surveymonkey est un exemple d'application permettant d'organiser des sondages en lignes.

4.5.3 Les outils de pétition

Les outils de pétition en ligne permettent de rassembler rapidement les manifestants sur une proposition.

Les plus connus de ces outils sont certainement change.org et Avaaz.

4.5.4 Les outils de débats télévisés participatifs

Le principe même d'émission TV est tout à fait possible avec des moyens limités. Ce n'est plus réservé à une élite et, technologiquement, ce n'est pas difficile à mettre en place.

On peut maintenant diffuser gratuitement du contenu, ou ouvrir par exemple une chaîne YouTube pour diffuser du contenu vidéo, et ce avec des moyens dérisoires.

Dans le contexte de conseils communaux et de débats, il est intéressant de noter que ces débats pourraient être télévisés et interactifs, avec une application liée. Dans cette mouvance Agoralabtv, YouTube, Kahoo.it… permettent d'organiser ce genre de débats et de sondages interactifs.

4.5.5 Les outils de vote en ligne

La technologie *blockchain*, utilisée notamment dans les monnaies virtuelles comme le *bitcoin*, permet d'imaginer un vote qui serait effectué au domicile même du participant, avec un identifiant certifié.

Cette innovation pourrait être majeure dans la conception même de la démocratie.

À la place de vous déplacer aux urnes, vous vous levez le matin, allumez votre ordinateur, tablette, ou smartphone, et vous votez pour votre candidat. Autre application : l'ensemble des propositions émises par un parlement/assemblée pourrait être soumis au vote citoyen. Vous recevez des propositions de lois, vous votez, et votre vote est pris en compte.

La technologie *blockchain* permet donc l'identification précise de la personne et une communication de son état à la personne qui en fait la requête. Les applications encore naissantes permettront le vote en ligne, soit de candidats, soit de propositions. Cette technologie pose évidemment le problème de l'exclusion numérique, mais il faut également regarder vers l'avenir : combien y aura-t-il encore d'exclus numériques dans 20 ou 30 ans ? Numériser le vote, qu'il soit pour un candidat ou une idée, permet des économies d'échelle considérables. Par exemple, le coût de la consultation populaire australienne par lettre concernant le mariage homosexuel est d'environ 82 millions € pour une seule consultation (Paris, 2017). Pour ce prix, on peut largement mettre en place un outil de consultation populaire qui donnera un résultat fiable, mais aussi permettre des consultations populaires régulières sur d'autres sujets sans grever les fonds publics.

4.6 La méthode de disruption

«La **disruption** désigne le bouleversement d'un marché sur lequel les positions sont établies avec une stratégie inédite.» (Wikipédia, 2019)

Prenez Airbnb, ils ont un jour pensé simplement à créer une plateforme qui mettait en relation des personnes qui souhaitaient louer un surplus de logement, et des personnes qui en cherchaient un bon marché. Sans plateforme, cette relation n'existait pas. Ils sont partis de rien et concurrencent maintenant les plus grand groupes hôteliers… sans posséder un seul hôtel. Il suffisait d'y penser. Dans les faits, Airbnb a «dirsupté» son marché et même si la régulation juridique n'est pas au point à ce niveau, le marché de la location de maison ne sera jamais plus le même.

Mais comment ont-ils procédé?

Éric Ries dans son livre *Lean Startup* (Ries, 2012) résume bien le cycle de développement d'un produit de haute technologie.

Il est nécessaire de définir un «PMV», c'est-à-dire un produit minimum viable. Ce prototype doit être viable mais ne peut pas être parfait, il doit juste fonctionner. Le but de ce produit est de valider le concept. Le PMV doit être dépourvu de tout superflu, c'est-à-dire de toutes les fonctionnalités qui n'apportent pas de valeur aux clients.

Lorsque le PMV est mis en route, il doit être scrupuleusement observé afin d'avoir des retours rapides de la part des utilisateurs. Certains facteurs clés doivent être mesurés, afin de pouvoir juger si le produit est dans la bonne direction ou non.

À un moment donné, une décision doit être prise: soit on reste dans le même *design*, soit on «pivote», c'est-à-dire que l'on change une des caractéristiques du produit qui ne donne pas de bonnes mesures, soit on peut également changer l'ensemble du produit. Lors de cette phase, on se pose les questions suivantes : quelles sont les activités qui apportent de la valeur, quelles sont les activités qui font perdre de la valeur ? Et le cycle recommence, on construit la nouvelle itération, on la mesure, on pivote ou on persévère jusqu'à ce que le produit convienne parfaitement au marché.

Appliqué à notre projet de nouvelle démocratie, il faut établir un nouveau système, minimal, mais fonctionnel. Ce système doit être mis en place chez un « testeur », certaines variables types doivent être observées (par exemple, est-ce que les décisions sont rationnelles, est-ce que le système est efficace, est-ce que les citoyens sont satisfaits, quels sont les organes qui fonctionnent, qu'est-ce qui ne fonctionne pas ?). Soit on pivote, c'est-à-dire on change plusieurs caractéristiques de notre système, soit on persévère, et on reboucle.

5

Les écueils à surmonter

Le nouveau système aura aussi ses écueils.

Le principal est de faire pire que bien, c'est pourquoi il est judicieux d'agir à un niveau local, afin de limiter les risques. Le but est de trouver un système qui respecte les personnes mais qui n'ouvre pas la porte à des extrémistes, de gauche, de droite, capitalistiques ou communistes.

Alors, quels sont les risques?

- La fracture numérique: tout le monde n'est pas connecté, tout le monde ne suit pas les informations en ligne, et même si la tendance au tout-numérique est irréversible, les non-numériques doivent être respectés. Ceci peut être fait simplement: toutes les nouvelles structures mises en place doivent avoir un pendant hors ligne et en ligne.

- La fatigue des bénévoles «civils»: lorsqu'une innovation démocratique est en route, l'enthousiasme est toujours grand au départ. On a envie de s'exprimer, de communiquer. Une certaine fatigue s'installe si l'engagement est surdimensionné. La vie de famille, les contraintes de la vie, les problèmes financiers, les amis, reprennent le pas sur l'engagement enthousiaste du début. L'engagement se doit d'être gérable et compatible avec un emploi du temps souvent surchargé.

- La protection des minorités: l'ensemble des décisions doit respecter les minorités en place et leurs intérêts respectifs. Ce point est crucial et difficile à bien réaliser. Si une minorité est grugée ou défavorisée, elle a le droit de pouvoir s'exprimer.

- L'expertise des citoyens : le citoyen de base a-t-il une bonne capacité de jugement ? On pourrait renverser la question. Le politique, que l'on met dans une commission, a-t-il une bonne capacité de jugement ? Le ministre, qui est parfois très compétent pour rapporter des voix électorales, que serait-il sans son cabinet et l'administration en place ? L'avantage des jurys citoyens ou similaires est qu'ils sont difficilement corruptibles. Le lobby, donc l'argent, peut atteindre un pouvoir en place, mais il ne peut pas faire face à l'aléatoire. Les nombreux jurys citoyens mis en place par Fishkin, Deniel en Allemagne, l'expérience du G1000 en Wallonie, portent à croire que la capacité de jugement d'un citoyen est bonne mais surtout non corruptible et va dans le sens de l'intérêt général, ce qui est le but de l'opération. L'expérience des jurys d'assises, où des citoyens lambda jugent des faits aussi graves que des meurtres, et ce, sans expérience judiciaire, peut nous conforter également dans cette voie. Épaulés par des experts judiciaires (juge, avocats, procureurs, enquêteurs), les jurés prennent des décisions importantes alors que leur expertise de départ est, pour la plupart d'entre eux, nulle.
- La vision à long terme : certains projets nécessitent des décisions à long terme, qui sont parfois nécessaires et souvent impopulaires. Toutes les initiatives politiques sur ces mesures seraient vouées à l'échec et donc un blocage décisionnel serait possible.
- Le jeu des lobbys : le risque est réel que des organisations structurées prennent le processus participatif sous contrôle. Ces organisations sont bien structurées et à même de formuler des propositions cohérentes et intéressantes.
- La longueur des décisions et la nécessité d'une efficacité politique. Le processus participatif est long et peut engendrer une certaine lenteur des décisions. Il faut cependant tenir à l'œil les cas où une urgence s'impose et ou une décision rapide doit être prise. Le système doit permettre une efficacité pour les cas d'urgence.
- Le respect d'une communication non-violente : la communication est un art et tout le monde n'est pas un expert dans ce

créneau. Lorsqu'il s'agit de politique, les débats peuvent être virulents et certaines règles de communication non-violente doivent être appliquées. Le système doit donc avoir un débat qui respecte les règles d'éthique et de communication non-violente.

- La sécurité informatique : si certaines décisions, votes, se font en ligne, *quid* de la sécurité et de l'intégrité du vote qui aurait une possibilité d'être piratée par des experts en informatique (hackers…) ? Ce point est à poser et à réfléchir mais des solutions apparaissent, comme la technologie *blockchain* qui semble être incorruptible à ce niveau.

- L'introduction d'un nouveau système induit une instabilité politique qui pourrait conduire à une dictature ou une « démocrature » : à prendre très au sérieux. L'introduction du nouveau système amène des instabilités, et des régimes non démocratiques tels que des théocraties ou des régimes populistes pourraient en profiter pour instaurer le leur. Il faut tester le système à l'endroit où l'impact serait minimal et où l'échec est permis, pour permettre de l'affiner.

6

Vers un manifeste de la démocratie citoyenne

L'ensemble des différentes recommandations et écueils m'amène à établir le premier jet d'un manifeste de la démocratie citoyenne. Pourquoi un premier jet? Parce que pour obtenir un manifeste parfait, je dois le soumettre à la critique, constructive ou destructive et le faire évoluer.

Ce manifeste pose un ensemble de valeurs de base d'une nouvelle démocratie, ces valeurs nous permettant de définir la doctrine globale, l'essence même du nouveau système. L'émergence d'une nouvelle démocratie va entraîner des millions de décisions. Lorsqu'il y a une hésitation, ces valeurs permettront de réfléchir sur le bien-fondé de l'action et de prendre la bonne décision, ou la moins mauvaise.

Les valeurs sont évolutives, la société change, les gens changent, mais elles doivent rester un garde-fou, que l'on consultera régulièrement. Une sorte de constitution de la démocratie.

6.1 Le bonheur

Le bonheur. Le bonheur n'est pas nécessairement une valeur, mais plutôt le but. L'objectif d'une démocratie est d'apporter le bonheur et le bien-être aux citoyens qui la constituent.

Comment définir cependant le bonheur? Pour cela, la meilleure définition que j'ai trouvée provient d'une étude de Harvard (Waldinger, 2015): *le bonheur est d'avoir des relations de qualité.*

Donc, tout le système démocratique doit permettre aux gens d'avoir des relations de qualité. Le but est le développement de ces relations harmonieuses entre individus et communauté. Par extrapolation on pourrait également dire avoir une relation de qualité de l'homme avec l'environnement non-humain : la nature, l'intelligence artificielle, etc.

6.2 L'égalité

Les citoyens sont égaux. Le système doit tendre vers cette égalité en tout point, même si l'égalité parfaite est impossible dans les faits.

La nature nous a fait inégaux, certains sont plus riches, moins riches, plus beaux, moins beaux, plus intelligents, moins intelligents. Il ne nous viendrait pas à l'idée que chacun devrait être strictement aussi beau ou aussi intelligent que les autres, alors pourquoi prétendre qu'une égalité parfaite est possible ?

Cependant, le système doit tendre vers cette égalité, il doit mettre en place des mécanismes qui permettent l'égalité, devant la richesse, devant l'éducation, ou autre type d'inégalité.

Si un citoyen gagne trop d'argent, le système doit lui imposer de le redistribuer, si un citoyen gagne trop peu d'argent alors le système doit lui permettre d'en recevoir suffisamment pour subsister. L'égalité prévaut également dans le pouvoir : toute personne qui veut participer au bien commun doit avoir une chance égale d'accéder au système. Il faut surtout réduire les inégalités flagrantes, que ce soit en termes d'argent (milliardaires) ou en termes de pouvoir (dictature, technocratie, oligarchie ou théocratie…).

6.3 La liberté

Le citoyen doit être libre de ses actes, de ses paroles. La liberté doit être protégée. La liberté individuelle, ou d'une communauté, doit être préservée. La liberté et l'indépendance de la presse doivent être garanties.

6.4 La coopération

Selon Hariri (Harari, 2015), ce qui distingue l'*Homo sapiens* des autres espèces, ce qui lui a permis d'arriver en haut de la chaîne alimentaire, c'est sa capacité à coopérer. L'homme dans sa nature profonde est un animal social, tout le monde doit coopérer au système, tout le monde doit pouvoir en retirer quelque chose. Certains apporteront du temps, d'autres de l'argent, d'autres des idées. D'autres en retireront du temps, de l'argent ou des idées. Le citoyen doit également s'aliéner de son individualisme. Le néolibéralisme a exacerbé notre individu, notre être, nous en avons oublié les notions de partage. Le partage commence en nous, dans nos actes de tous les jours, écouter l'autre, aider l'autre, faire un don… Il faut retrouver des valeurs collectives qui ont été oubliées.

6.5 Le désencombrement et la simplification

Le système doit être simple et se doit d'être désencombré. À l'heure actuelle, lire une simple loi n'est pas une sinécure. Il y a des amendements, des *infras*, des *supras*, on n'y comprend plus rien. Le jargon est devenu technique, hors de portée du peuple. Du jargon technocratique pour des technocrates. Si seul des juristes peuvent lire les lois, est-ce vraiment des lois pour tous ? *Ce que l'on conçoit bien s'énonce clairement, et les mots pour le dire arrivent aisément* (Nicolas Boileau-Despréaux, *Art poétique*, Chant I).

6.6 La durabilité et la circularité

Cette démocratie doit être durable dans toutes ses composantes économiques, sociales… Ce n'est un secret pour personne que nous tuons notre planète à petits feux. Je ne suis pas certain à l'heure actuelle que mes enfants pourront respirer un air sain toute leur vie. Le système doit leur permettre de tout simplement vivre. On doit également penser à l'aspect circulaire, c'est-à-dire à la réutilisation des ressources quelles qu'elles soient.

6.7 L'honnêteté et la transparence.

Le système doit décourager les malversations, de quelque ordre que ce soit. Les informations et la charge du pouvoir doivent être transparentes et l'honnêteté doit primer dans toutes les décisions. Elles doivent être prises dans l'intérêt général et non d'après des intérêts particuliers. L'information donnée par la presse ou par les médias sociaux se doit d'être confirmée ou infirmée afin de pouvoir disposer d'une base informationnelle saine et fiable.

6.8 L'efficacité et la légitimité

Le système doit être légitime et efficace. *Légitime* signifie qu'il est accepté par tout le monde. *Efficace* veut simplement dire que si une décision est urgente, il faut la prendre.

6.9 La représentativité

Le système doit être représentatif de la population. Il doit permettre la pluralité des idées, et de rassembler des idées qui ne sont pas nécessairement «packagées» dans un programme de parti. Le système doit pouvoir conserver en son sein les gens motivés ainsi que leurs idéaux. Le système doit permettre la pluralité des personnes. Nous sommes tous humains et malgré nos différences et suivant Harari (Harari, 2015) dans son raisonnement, nos différences sont pour la plupart des constructions de notre imagination (religion, nation, argent…). La tolérance est donc de mise pour les uns, comme pour les autres. Le système doit donc gérer les exclusions, par exemple l'exclusion numérique ou l'exclusion par le temps et proposer des systèmes de participation et d'information qui respectent cet état de fait. Le système doit également gérer les exclusions de race, de religion, de richesse.

6.10 Un pouvoir hors d'atteinte qui rend des comptes

Il faut diluer le pouvoir, ne pas permettre qu'il soit atteignable par des structures organisées. Le système doit contrôler les lobbies, leur permettre de s'exprimer, de proposer, mais empêcher qu'ils puissent être juge et partie dans les débats. Le système doit permettre la reddition des comptes, offrir des mandats courts, non renouvelables ou renouvelables une fois, et non cumulables. La rotation des charges sera rapide. Le système doit réintroduire une forme de communication directe entre le citoyen et la personne au pouvoir, par référendum, assemblée, plateforme numérique ou autre système permettant la reddition des comptes. Le principe même de l'élection sera «challengé», soit dans sa nature même (gestion des circonscriptions, mode de scrutin, choix d'un système électif…), soit dans son enrichissement par d'autres modes de choix tels que le tirage au sort avec échantillonnage, la démocratie délégative, la démocratie participative… L'homme politique ne peut être juge et partie concernant son mode de choix et son mode de rémunération, donc ce doit être un autre organe tel qu'un panel citoyen qui prend ce type de décision. Dans ce nouveau système, la personne qui reçoit une charge publique doit pouvoir se concentrer sur celle-ci et non sur son propre sort ou une échéance électorale à venir. Le système permettra une participation plus directe des uns et des autres à la gestion du bien commun, il permettra des décisions consensuelles, et fera en sorte que l'avis de toutes et tous soit entendu et débattu. Il sera transparent et permettra un suivi des promesses.

7

Disruptons d'abord la démocratie locale

La première démarche que je propose serait de tester préalablement différents concepts à petite échelle, de commencer par le local, c'est-à-dire une commune, et d'établir un PMV (Produit Minimum Viable) de système démocratique.

J'insiste sur le fait que ce modèle ne peut être parfait dès le départ. Pour paraphraser un de mes proches, «la perfection tue», et le système ne doit pas être parfait, il doit juste exister et se développer. Un peu comme un nouveau-né, qui doit à terme devenir un adulte. Par la suite, ce modèle qui peut avoir trois ou quatre itérations, peut être pivoté, c'est-à-dire que certaines suppositions initiales inadéquates pourront et devront être modifiées. Une fois que le modèle sera validé, il pourra être proposé à d'autres structures locales.

Il est nécessaire également de l'adapter à une situation propre, de commencer petit à petit, et de faire en sorte que les éléments mis en place fonctionnent.

Alors, quel est le modèle que je propose en première itération?

Une sorte de *mix* entre le modèle de Saillans, les assemblées de Nouvelle-Angleterre avec un soupçon de Civic Tech. En voici la description complète.

7.1 Le forum citoyen

Le premier organe est un lieu de discussion qui permet de faire des suggestions d'amélioration, d'annoncer un évènement, de partager des photos, des vidéos. Le forum est un lieu d'information : on peut savoir ce qui se passe dans la communauté, les décisions qui y sont prises.

Organe : le forum citoyen

Qui : tous les citoyens

Méthode de choix : inscription libre, sur une base volontaire

Outil de soutien : Internet (réseau social, plateforme citoyenne) ou par courrier

Moyen d'animation : communication saine

Ce forum se doit d'être un lieu :

- d'expression et de suggestions qui respectent les règles de communication saine ;
- d'information sur les activités de la commune ;
- de publication des appels à projet des commissions thématiques (cfr. *infra*).

Le principe est de le créer sous forme de plateforme Internet mais la possibilité d'envoyer un courrier de suggestion existe aussi. Une information hors ligne dans un quotidien régional est possible également.

Les débats se doivent d'être courtois, polis, constructifs. Ils doivent viser un processus et non une personne. En cas de dérive, une procédure de bannissement avec sursis pourra être instaurée. Les règles de communication saine se doivent d'être appliquées. Se pose ici aussi la question de la liberté : un modérateur ou un système de bannissement, sont des entraves à la liberté, donc contraires aux valeurs. Mais si les personnes se montrent non constructives et non courtoises, que faire ?

L'objectif est aussi que les personnes qui ne souhaitent pas s'impliquer davantage puissent émettre leurs suggestions. Il y a plus d'idées dans plusieurs têtes que dans une seule. Les suggestions peuvent donc venir de tout un chacun dans l'esprit «tout pour tous» et dans un souci d'intelligence collective.

Un secrétaire de forum fait la synthèse de toutes les idées, par type de commission (cfr. *infra*). Ce secrétaire est tiré au sort sur une base volontaire. La durée de son mandat est d'une année. Il doit faire un compte-rendu public de toutes ses actions dans le forum (rapports et appels à projets présentés en commission). Son rôle est d'agréger et de synthétiser.

Pour cela, il peut utiliser les cartes heuristiques afin de pouvoir générer une synthèse lisible, il peut aussi simplement faire un rapport, classé par thème.

Les propositions de projets en cours d'année peuvent être également déposées à ce secrétaire.

7.2 L'assemblée générale

Une assemblée générale permet à l'ensemble des citoyens de se réunir, pour désigner le conseil des référents (cfr. *infra*) et prendre connaissance des rapports des commissions thématiques (cfr. *infra*). L'assemblée permet également de prendre les décisions stratégiques de la commune.

Organe : assemblée générale

Qui : tous les citoyens

Méthode de choix : le président et le secrétaire de la séance sont tirés au sort sur une base volontaire.

Outil de soutien : les décisions sont prises à main levée, par bulletin secret, par vote électronique, soit via un boîtier électronique dédié, soit via un site de vote en ligne tel que kahoo.it, soit via une application telle que unu.ai qui permet d'obtenir des décisions plus consensuelles.

Méthode d'animation : méthode de gestion d'une assemblée

Fréquence : 2 fois par an.

Le conseil des référents (cfr. *infra*) fixe les dates et l'organisation des assemblées. Dans l'idéal, la date est fixe (par exemple tous les premiers mardi du mois d'avril). Le conseil des référents prépare l'ordre du jour à partir des rapports des différentes commissions thématiques.

Les pétitions signées par plus de 1/10ᵉ de la population cible sont automatiquement mises à l'ordre du jour. Les personnes présentes à l'assemblée reçoivent, par exemple, un jeton de présence de 10 €. Ce dernier point pour motiver la participation aux assemblées.

Il est à remarquer que les décisions de moindre importance et récurrentes ne doivent pas être débattues, excepté s'il y a une objection posée par un membre de l'assemblée sur cette décision auquel cas elle est mise à l'ordre du jour. Par exemple, l'achat de sel pour le traitement des routes d'une commune ne doit pas être rediscuté chaque année, et ce dans un souci d'efficacité de l'assemblée. Cette décision sera prise par le conseil des référents.

Un président de séance est nommé pour la journée ainsi qu'un secrétaire. Ils sont désignés sur une base volontaire. Ils sont chargés du bon déroulement de la réunion.

Pour les décisions soumises à budget participatif, les décisions sont prises et entérinées. Pour les décisions hors budget participatif, les décisions sont actées, elles seront proposées au prochain conseil du calendrier.

7.3 Les commissions thématiques

La mission principale des commissions est l'orientation générale, la priorisation et la formation des groupes action-projet concernant une thématique spécifique.

Organe: commission thématique

Qui: les citoyens intéressés par le développement d'un thème particulier + élus référents (cfr. infra*)*

Méthode de choix: inscription sur une base volontaire + élus référents

Outil de soutien : réunion physique et plateforme collaborative (par ex. Loomio)

Moyen d'animation : pensée divergente-convergente. Le président de la séance est tiré au sort au début de la réunion dans le panel des citoyens. L'ordre du jour a été préparé par les élus référents.

Fréquence : 2 fois par an

L'objectif de la commission thématique est de passer en revue l'ensemble des projets et des suggestions du forum concernant le thème.

L'ensemble des thèmes est débattu selon des méthodes de facilitation choisies. Pour la défense des projets de groupes action-projet, les responsables ont par exemple 5 minutes pour présenter leur projet. Ils utiliseront à cet effet un canevas de présentation spécifique (GovCanvas) pour synthétiser leurs idées.

En termes de mode de sélection des projets, la méthode des «*gradients of agreement*» de Sam Kaner ou la plateforme unu.ai sera utilisée.

Les thèmes sont alors classés et un appel à volontaires est lancé pour la formation d'un groupe action-projet.

7.4 Le groupe action-projet (GAP)

Le groupe d'action-projet est un groupe de travail qui se focalise sur un projet particulier, il doit reporter à la commission thématique le résultat de son travail.

Organe : Groupe action projet

Qui : maximum 12 personnes dont 2 élus référents ; dans les 10 citoyens un animateur et un secrétaire sont désignés par tirage au sort à chaque réunion.

Moyen d'animation : pensée divergente-convergente

> *Fréquence : durée limitée normalement à 6 mois pour rendre des conclusions ; une réunion par mois*
>
> *Soutien logistique : réunions de visu ou site de collaboration en ligne*

L'objectif du groupe action-projet est de développer le projet, d'en faire une analyse de faisabilité technique et financière.

Les groupes action-projet peuvent faire appel à des experts de leur choix pour éclairer le sujet. Le financement de cet expert doit être soumis au conseil des référents et doit être raisonnable.

Des comptes rendus réguliers sont mis en ligne par l'animateur de la réunion ou transmis par courrier aux membres qui le souhaitent. Les suggestions peuvent être faites au groupe action-projet qui en tiendra compte en positif et en négatif lors de ses débats.

Le groupe action-projet utilisera par exemple des outils comme le GovCanvas (*cfr. supra*), pour pouvoir structurer sa pensée.

7.5 Le conseil des référents

Le conseil et le collège communaux classiques sont « fusionnés » en un conseil des référents. Le conseil des référents met en route des décisions exécutives en relation avec l'administration.

Le bourgmestre est le magistrat communal élu selon la loi. Il reverse une partie de son salaire pour le fonctionnement des élus référents. Idem pour les échevins. Tout le monde sera officiellement échevin une fois, par un système de tournante entre les élus. Le but de cette manœuvre est d'assurer une équité financière entre les différents élus.

Ce conseil est ouvert au public et télévisé. Il acte les décisions de l'assemblée générale et ce dans un souci de conformité avec la loi (le conseil communal garde la prérogative de décision devant la loi).

Organe : conseil des référents

Qui : personnes tirées au sort lors de l'assemblée annuelle

Méthode de choix : tirage au sort sur une base volontaire

Méthode d'animation : réunion de visu. Le processus est public et télévisé

Fréquence : a priori tous les 15 jours. Toutes les semaines si dossier urgent, tous les mois si la situation est calme.

Les élus référents sont chargés de soumettre à l'assemblée les avancées des différents groupes action-projet ou commissions dont ils sont responsables, les conclusions des groupes action-projet ainsi que les résultats des votes d'assemblée.

Les élus référents sont aussi chargés des décisions récurrentes, comme l'achat de sel chaque année pour la commune.

Les décisions sont transparentes et documentées.

7.6 L'observatoire

Organe : observatoire

Qui : 6 personnes, mandat de 3 ans, non renouvelable, non-cumulable

Méthode de choix : tiré au sort sur une base volontaire et par échantillonnage

Outil de soutien : Internet, courrier et réunion 4 fois par an

---

L'observatoire est l'organe qui va observer le système, contrôler et améliorer les procédures. Il est également chargé de traiter les réclamations et d'initier les contrôles de qualité. Les réunions de l'observatoire doivent s'inspirer des réunions de gouvernance propre à l'holacratie, c'est-à-dire qu'elles doivent agir sur les rôles de chacun, les tensions sur les rôles et faire en sorte que tout le processus soit le plus fluide possible. Il est également chargé d'organiser une veille permanente concernant le processus démocratique, et de favoriser les échanges avec d'autres observatoires.

Cette commission peut s'épauler d'experts qui feront des propositions mais ne pourront en aucun cas prendre des décisions.

En résumé, rôle de l'observatoire :

- contrôler les procédures ;
- traiter les réclamations et les remarques d'amélioration ;
- réaliser une étude comparative (« benchmark ») permanente d'initiatives similaires au niveau mondial, organisation d'un réseau pour une démocratie mondiale ;
- proposer des améliorations des procédures (soumises à décision de l'assemblée).

7.7 Schéma global de l'organisation proposée

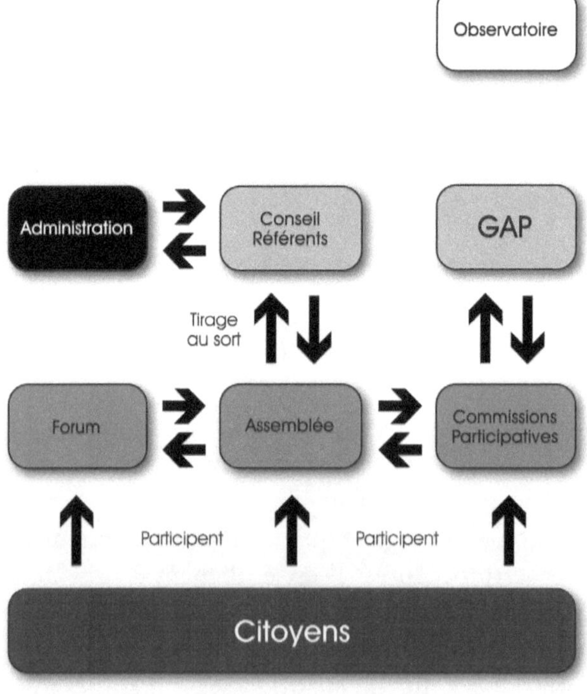

Fig. 10 : Schéma institutionnel local

Un ensemble de citoyens participent régulièrement à un forum pour émettre et débattre des idées, ce forum est en ligne et hors ligne pour respecter les exclusions du temps et les exclusions numériques. Le but du forum est de permettre aux citoyens qui ne veulent pas s'investir, de s'exprimer et à tout le moins d'émettre des idées constructives et des suggestions.

Les citoyens qui souhaitent s'impliquer, soit pour un « *one-shot* » soit de manière durable, peuvent se rencontrer à l'assemblée qui est soit virtuelle, soit physique en fonction de la taille de l'échantillon. Lors de ces assemblées, des décisions sont prises, les rapports de commission sont expliqués et le conseil des référents est tiré au sort, sur une base volontaire.

Les commissions thématiques sont là pour approfondir les différents projets thématiques. Lorsqu'un projet concret se met en place, un groupe action-projet peut être formé pour établir une analyse de faisabilité concrète.

Le conseil des référents est nommé pour une année. Un ou deux référents sont désignés par commission thématique. Il est chargé de l'exécutif de l'assemblée et de la mise en route des décisions vis-à-vis des différents pouvoirs notamment administratif.

L'observatoire, tiré au sort, est chargé d'observer le système et de proposer des pistes de réflexion pour améliorer la gouvernance.

8

Et après,
la démocratie régionale?

Une disruption de la démocratie implique que l'on trouve un bon système au niveau local, que l'on puisse se tromper plusieurs fois, se corriger, et trouver le bon chemin qui nous permette de trouver un nouveau modèle au niveau local avant de passer au niveau supérieur, le niveau régional.

Quels sont les types de problèmes à traiter régionalement: le chômage, la distribution de l'énergie, la distribution de l'eau…

Il est impossible de modéliser correctement cette étape sans les retours de l'expérience au niveau local, néanmoins je propose ci-après un essai de nouveau schéma institutionnel au niveau régional et ce, pour susciter le débat et la discussion.

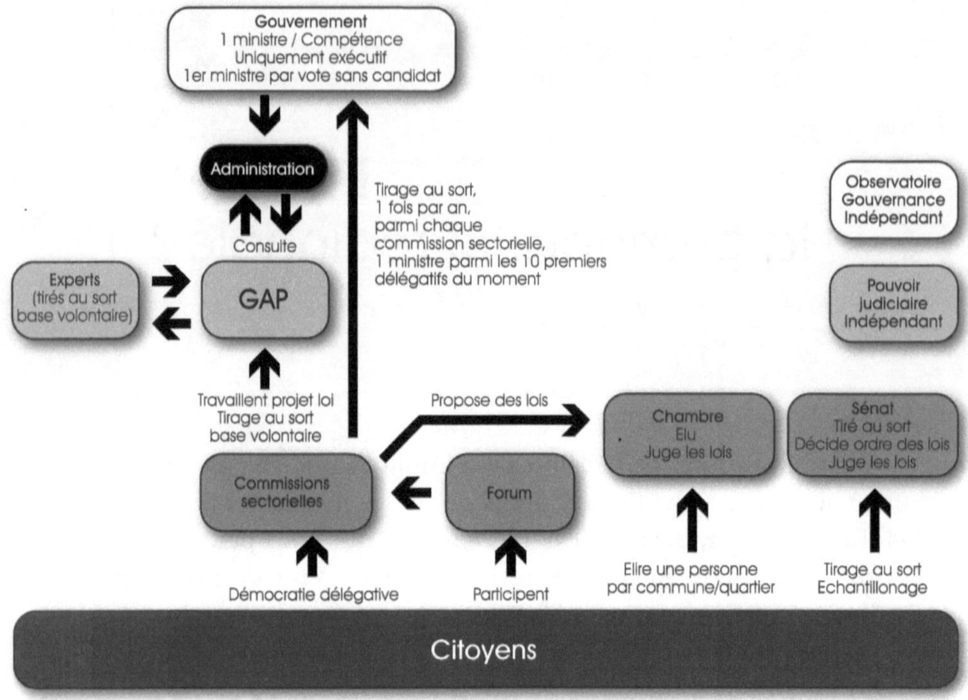

Fig. 11 : Schéma institutionnel régional

8.1 Forum

Organe : le forum citoyen

Qui : tous les citoyens

Méthode de choix : inscription libre, sur une base volontaire

Outil de soutien : Internet (réseau social, plateforme citoyenne) ou par courrier ou démocratie en cercle

Moyen d'animation : communication saine

Le forum citoyen est au niveau régional et peut fonctionner via le système de cercles « à la *Podemos* » ou via un forum Internet (Loomio, DemocracyOS, Liquidfeedback).

Le forum doit également être organisé par thèmes et permettre le débat. Dans le cadre de la démocratie en cercle, l'information est synthétisée pour être publiée sur le forum par un représentant. Dans le cas du forum numérique, tout est fait directement en ligne.

8.2 Commission sectorielle

Organe : la commission sectorielle

Qui : les citoyens délégués

Méthode de choix : démocratie délégative (liquide) + tirage au sort

Durée : une année

Outil de soutien : logiciel de démocratie délégative + logiciel de tirage au sort

Moyen d'animation : réunion consensuelle

Les membres des commissions sectorielles sont désignés par démocratie délégative, et ensuite tirés au sort parmi les 100 meilleurs scores de celle-ci. Pour rappel, dans les grandes lignes (voir le chapitre sur la démocratie liquide), la démocratie délégative permet à tout citoyen de désigner, par thème prédéfini, un référent. Ce référent, peut désigner d'autres référents. Les personnes qui ont le plus de référents sont celles qui ont le plus de poids par rapport au secteur. Pour éviter une éventuelle corruption de ces référents, un tirage au sort sera organisé parmi les 100 meilleurs. Le mandat sera court, 1 année par exemple, et non renouvelable.

Les membres de la commission sectorielle vont reprendre les différents thèmes du forum et les analyser en profondeur. Ils vont avoir à leur disposition des experts, des groupes action-projet et une administration (cfr. *infra*).

8.3 Groupes action-projet (GAP)

Les membres des commissions sectorielles peuvent spontanément ou sur appel à GAP (suite à une demande de la commission), former un groupe action-projet. Celui-ci permet d'évaluer en profondeur une proposition de loi pour voir si elle présente une faisabilité (qu'elle soit économique, morale…).

Organe : GAP ou groupe action-projet

Qui : tous les citoyens désignés par démocratie délégative

Méthode de choix : inscription libre

Durée : durée du projet

Outil de soutien : internet (réseau social, plateforme citoyenne) ou par courrier

Moyen d'animation : communication saine

Le GAP aura à sa disposition un panel d'experts extérieurs et des membres de l'administration experts du sujet, mais sera finalement seul juge du texte remis. La commission sectorielle, lors de ses réunions, va juger de la priorisation des textes des différents GAP pour les proposer à la chambre.

8.4 Experts

Organe : expert sectoriel

Qui : tous les citoyens, expert d'un domaine, sur inscription libre, l'expert doit pouvoir justifier d'une expérience académique ou professionnelle dans le domaine concerné.

Méthode de choix : inscription libre et validation de la candidature par commission sectorielle.

> *Outil de soutien: internet (réseau social, plateforme citoyenne) ou par courrier*
>
> *Moyen d'animation: communication saine*

La société, dans son ensemble, dispose d'experts dans différents domaines. Ces experts peuvent être issus du monde académique (un professeur d'université en fiscalité, par exemple), du monde entrepreneurial ou encore du secteur associatif. Ils peuvent s'inscrire librement, mais leur candidature doit être validée par les commissions sectorielles. Pour chaque GAP, les experts du domaine concerné sont tirés au sort pour faire une analyse en détail du sujet concerné et apporter une analyse critique et utile au GAP.

8.5 Chambre

> *Organe: chambre*
>
> *Qui: tous les élus des circonscriptions*
>
> *Durée: de 1 à 3 ans*
>
> *Méthode de choix: élections*
>
> *Moyen d'animation: communication saine*

La chambre est constituée de membres élus dans les différentes communes/quartiers. Ils ne peuvent cumuler leur mandat avec une autre fonction (bourgmestre, échevin, ou autre). Ils sont le référent territorial. Ils ont un mandat court (idéalement maximum 3 ans) et révocable. La chambre reçoit les différentes propositions des commissions sectorielles et vote les lois.

8.6 Sénat

Organe : sénat

Qui : citoyens

Durée : 1 à 3 ans

Méthode de choix : tirage au sort par échantillonnage

Moyen d'animation : communication saine

Le sénat a la même fonction que la chambre, c'est-à-dire voter des lois, il a également le privilège de pouvoir choisir l'ordre dans lequel les lois vont être proposées. Une proposition de loi ne peut être avalisée que lorsqu'elle a l'accord de la chambre et du sénat.

Son mode de choix est différent. Les membres du sénat sont tirés au sort par échantillonnage. Leur mandat est court, 1 à 3 ans, et non renouvelable.

8.7 Administration

Organe : administration

Qui : fonctionnaires

Durée : indéterminée

Méthode de choix : sélection par concours

L'administration est constituée de fonctionnaires, désignés par concours, avec des réserves de recrutement. Le fonctionnement est similaire à celui de l'administration actuelle. La réforme du fonctionnement de l'administration n'est pas le sujet de cet essai, néanmoins une analyse en détail du fonctionnement et des flux de celle-ci serait peut-être nécessaire afin d'améliorer son efficacité.

8.8 Gouvernement

Organe : gouvernement

Qui : les citoyens désignés par démocratie délégative

Méthode de choix : démocratie liquide + tirage au sort

Durée : courte, 1 à 3 ans

Outil de soutien : logiciel de démocratie délégative + logiciel de tirage au sort

---

On effectue, une fois par an, un tirage au sort parmi les 10 membres de commissions sectorielles les plus influents, un ministre par compétence, son mandat sera d'un an à trois ans. Le premier ministre est soit tiré au sort parmi eux, soit via un vote sans candidats par consensus.

Le gouvernement est centré sur l'exécution et n'a plus de lien avec le législatif. Il peut bien entendu, soumettre des points d'interrogation, vu sa proximité avec l'opérationnel, mais n'a plus le pouvoir de présenter une proposition de loi directement.

8.9 Pouvoir judiciaire indépendant

Fonctionnement judiciaire inchangé. La réforme de la Justice doit faire l'objet d'une étude à part.

8.10 Observatoire

Organe : observatoire

Qui : citoyens

Méthode de choix : tirage au sort, sur une base volontaire

Durée : 3 ans

Outil de soutien : logiciel de suivi de plaintes

L'objectif de l'observatoire est de relever les différentes plaintes concernant la gouvernance et d'améliorer le système. L'observatoire doit donc proposer des améliorations du système à la chambre et au sénat, comme le ferait une commission sectorielle. La différence est que l'observatoire est désigné par tirage au sort sur une base volontaire.

9

Vers un modèle de gouvernance mondiale

Le plus grand problème politique international est sa captation par les intérêts néolibéraux. Le monde financier a pris la main sur les gouvernements. Trouvez-vous normal qu'un fonds d'investissement puisse mettre à sec un pays entier comme l'Argentine (Echo, 2016)? Ou qu'une multinationale change de pays, si les mesures fiscales prises par un pays ne lui conviennent pas? Ou encore mieux, qu'elle optimise sa situation fiscale en fonction des différentes lois qui l'arrangent, jusqu'au point où sa base imposable tend inexorablement vers 0? Les multinationales jouent avec les gouvernements et les mettent en concurrence, et, *a fortiori,* elles les contrôlent via des méthodes discrètes, telles que le lobbying et le financement de campagnes politiques dans certains états. Tout est donc mis en œuvre pour servir les multinationales et non le citoyen lambda.

Le but d'un système international, quel qu'il soit, est de coordonner les différentes communautés identifiées pour régler les problèmes mondiaux tels que l'environnement, la fiscalité internationale, la pauvreté, la malnutrition, le droit international... et le moins que l'on puisse dire, c'est qu'il y a urgence sur certaines problématiques.

Au niveau européen, par exemple, si vous souhaitez voir voter une loi, voici la marche à suivre. Engagez un cabinet d'affaires spécialiste de votre problème et il montera une stratégie en faveur de cette loi. La procédure peut être longue mais moyennant finances vous pouvez y arriver. Il n'est même plus nécessaire qu'il y ait une légitimité démocratique, il suffit de payer, beaucoup d'argent, certes, mais le pouvoir est «atteignable», c'est-à-dire facile à influencer.

On pourrait donc au préalable se poser la question suivante : quelle est la meilleure gouvernance pour gérer les problèmes mondiaux ?

Actuellement le monde est constitué d'États-nation, dont les intérêts sont divergents et rarement convergents. Et la raison du plus fort est toujours la meilleure comme La Fontaine nous le rappellerait. Donc nous avons des G7, des G20 qui décident de beaucoup de choses, en collaboration avec un pouvoir capitalistique fort.

Le président des États-Unis est-il conscient qu'une augmentation de 3°C sur le siècle peut engendre des catastrophes humanitaires considérables en Afrique ? Pas certain. Le problème de l'environnement est mondial, mais sa résolution est locale. Si tout le monde tire dans le même sens, une résolution est possible. Trump s'est retiré de l'accord de Paris sur le climat, essentiellement pour protéger l'industrie automobile américaine, non préparée à produire des véhicules respectant l'environnement. Sa décision n'est donc pas nécessairement dirigée contre le climat, mais bien conçue pour protéger son industrie. S'il acceptait cet accord, l'industrie automobile allemande aurait envahi le pays de véhicules propres, mettant à mal son industrie. Étant donné qu'il est protectionniste dans l'âme, il vote contre l'accord. Un des plus gros pollueurs de la planète ne doit donc pas faire d'efforts. Les États protègent leur économie et leur bien-être mais on commence à devoir se promener avec des masques anti-pollution à Shanghai par exemple car on ne peut plus y respirer.

D'une part donc un problème mondial, d'autre part l'égoïsme des États-nations, les intérêts économiques de groupes financiers. Et le dindon de la farce, c'est qui ? C'est nous tous.

Donc la question centrale : la pertinence des États-nations est-elle de mise dans le monde actuel ?

Plusieurs intellectuels se sont approchés de la question.

Bauman, sociologue, constate la «liquéfaction» progressive de nos institutions (BAU, 2013). Nous avions auparavant une société solide, les institutions étaient stables. Telles que nous les connaissons, elles sont cependant conçues pour gérer des problèmes d'un temps passé. Le sénat représentait l'aristocratie, la chambre la bourgeoisie. Les institutions étant stables, elles nous survivaient. Mais le monde est maintenant plus «liquide», Bauman signale notamment que les États-nations ont perdu de leur influence, que la mondialisation est en cours, qu'Internet permet des communications supranationales instantanées. Donc un monde qui change, mais des institutions qui ne suivent pas. L'organisation de la société doit suivre le mouvement et une réorganisation du bien commun doit se structurer. Mais comment faire ?

Benjamin Barber, dans son essai, (BAR, 2015) *Et si les maires gouvernaient le monde*, énonce un modèle de gouvernance mondiale des villes, en supprimant le concept d'État-nation. Il promeut la «glocalité», une gouvernance locale, limitée aux villes dans sa réflexion, et un réseau interconnecté de villes pour gouverner le monde.

Pia Mancini, fondatrice de Democracy OS, souhaite, elle, exploiter au maximum les possibilités d'Internet pour améliorer la démocratie.

Si on analyse ces auteurs, la notion de réseau est importante. Finalement, tout est devenu réseau, vous avez un réseau d'amis, un réseau professionnel, un réseau social… Même votre cerveau est un réseau interconnecté de neurones. Le monde se structure en réseaux, mais notre démocratie est conçue pour pouvoir gérer la querelle entre bourgeois et aristocrates, bataille d'un autre temps. Les défis actuels sont la croissance démographique, le réchauffement climatique, la pauvreté mondiale, l'accaparement par le monde néolibéral du pouvoir et de l'argent… Les problèmes sont globaux et les personnes qui doivent les résoudre sont parties prenantes des conflits. Un président multimilliardaire américain est un bien mauvais exemple de personne pour parler du climat, l'avis du pauvre habitant du Sahara serait bien plus éclairant à cet égard.

Reprenons le concept : d'une part un monde qui se doit d'être gouverné efficacement. D'autre part des États-nations qui se sont dotés de structures internationales (ONU…) pour coopérer. La plupart du temps, le protectionnisme ne permet pas au représentant de réfléchir mondialement. La coopération n'est pas de mise, il faut imposer son point de vue. Par exemple, celui qui possède l'arme nucléaire a un poids politique supérieur, peu importe que son avis soit éclairé ou non. Le résultat de tout cet engrenage? Des décisions catastrophiques sur des problèmes qui engagent souvent les générations ultérieures. Depuis la révolution industrielle, notre dette envers les générations futures est immense: disparition de la biodiversité, effet de serre, trou de la couche d'ozone, une simple introspection mène à penser que nous mettons tout en œuvre pour nous autodétruire.

La solution est certainement dans l'horizontalisation des pouvoirs et dans la coopération. Je serais curieux de voir l'application des méthodes de Kaner dans une réunion entre le président des États-Unis, de la Russie et de la Chine. Si on apprenait à construire sur les idées de l'autre et non pas à imposer son propre point de vue, peut-être que l'on pourrait avancer. Mais au fond de moi, je pense que Barber a raison, ils sont trop déconnectés de la réalité pour pouvoir se rendre compte qu'il y a un commun des mortels.

Il faut donc organiser la gouvernance glocale sur trois niveaux: un niveau local pour les problématiques de base (route, déchets…) un niveau intermédiaire pour les problèmes transversaux locaux (pensions, eau, énergie…), un niveau international pour les problèmes globaux (environnement, paix, sécurité…).

10

Conclusions et perspectives

Je pense avoir été découvert.

Le voile est tombé.

Vous avez deviné, n'est-ce pas?

Et oui, je suis un Bisounours, il fallait bien que je sois démasqué à un moment ou à un autre.

Après toutes ces années, nous, les Bisounours, montons au créneau, car le monde mérite d'être plus beau, plus doux, plus gentil.

Je m'en veux presque, à 39 ans, d'avoir une vue assez naïve du monde : réduire les inégalités, construire un système où tout le monde est acteur, et non spectateur, où l'argent n'est pas le seul décideur, et où finalement tout le monde est heureux.

Et pourtant, j'y crois. Je crois fermement que l'on peut faire quelque chose, qu'une action est possible, mais comment? Je ne voudrais surtout pas qu'en l'an 2500, les manuels scolaires de cette future époque considèrent notre siècle de révolution technologique, comme un « siècle de gaspillage », de non-respect de la planète, ou pire encore – l'angoisse est permise – de prise de contrôle d'une force non humaine sur le monde.

J'aimerais, dès lors, en premier lieu, vous soumettre ce texte, trouvé lors de mes recherches et que j'ai trouvé très à propos. « La distance standard entre 2 rails de chemin de fer aux États-Unis de 4 pieds et 8,5 pouces (soit 143,5 cm)

C'est un chiffre particulièrement bizarre. Pourquoi cet écartement a-t-il été retenu? Parce que les chemins de fer US ont été construits de la même façon qu'en Angleterre, par des ingénieurs anglais expatriés, qui ont pensé que c'était une bonne idée, car cela permettait également d'utiliser des locomotives anglaises.

Pourquoi les Anglais, pionniers du chemin de fer, ont-ils construit les leurs comme cela? Parce que les premières lignes de chemin de fer furent construites par les mêmes ingénieurs qui construisirent les tramways, et que cet écartement était alors utilisé.

Pourquoi les constructeurs de tramways ont-ils utilisé cet écartement? Parce que les personnes qui construisaient les tramways étaient les mêmes qui construisaient les chariots et qu'ils ont utilisé les mêmes méthodes et les mêmes outils.

Pourquoi les chariots utilisaient-ils un tel écartement? Eh bien, parce que partout en Europe et en Angleterre les routes avaient déjà des ornières; un espacement différent aurait causé la rupture de l'essieu du chariot.

Donc, pourquoi ces routes présentaient-elles des ornières ainsi espacées?

Les premières grandes routes en Europe ont été construites par l'empire romain pour accélérer le déploiement des légions romaines.

Pourquoi les romains ont-ils retenu cette dimension? Parce que les premiers chariots étaient des chariots de guerre romains. Ces chariots étaient tirés par deux chevaux. Ces chevaux galopaient côte à côte et devaient être espacés suffisamment pour ne pas se gêner. Afin d'assurer une meilleure stabilité du chariot, les roues ne devaient pas se trouver dans la continuité des empreintes de sabots laissées par les chevaux, et ne pas se trouver trop espacées pour ne pas causer d'accident lors du croisement de deux chariots.

Nous avons donc maintenant la réponse à notre question d'origine. L'espacement des rails US (4 pieds et 8 pouces et demi) s'explique parce que 2000 ans auparavant, sur un autre continent, les chariots romains étaient construits en fonction de la dimension de l'arrière-train des chevaux de guerre.

Et maintenant, cerise sur le gâteau! Il y a une extension intéressante de cette histoire concernant l'espacement des rails et l'arrière-train des chevaux.

Quand nous regardons la navette spatiale américaine sur son pas de tir, nous pouvons remarquer les deux réservoirs additionnels attachés au réservoir principal.

La société Thiokol fabrique ces réservoirs additionnels dans son usine de l'Utah. Les ingénieurs qui les ont conçus auraient bien aimé les faire un peu plus larges, mais ces réservoirs devaient être expédiés par train jusqu'au site de lancement. La ligne de chemin de fer entre l'usine et Cap Canaveral emprunte un tunnel sous les montagnes rocheuses. Les réservoirs additionnels devaient pouvoir passer sous ce tunnel. Le tunnel est légèrement plus large que la voie de chemin de fer, et la voie de chemin de fer est à peu près aussi large que les arrière-trains de deux chevaux.

Donc, une contrainte de conception du moyen de transport le plus avancé au monde, la navette spatiale, est la largeur d'un cul de cheval. Les spécifications et la bureaucratie vivront pour toujours...

Aussi, la prochaine fois que vous avez des spécifications entre les mains et que vous vous demandez quel cul de cheval les a inventées, vous vous serez peut-être posé la bonne question » (ALT, 2000)

Vous y avez cru? Eh bien c'est probablement une légende urbaine. Mais, même s'il n'est pas véridique, ce texte initie une réflexion plus profonde et vraie par rapport au monde dans lequel nous nous trouvons. Par exemple, dans le mode de choix des dirigeants, on pense tout de suite élection. Et pourquoi pas le tirage au sort? Ou une combinaison d'une élection et d'un tirage au sort? Ou alors, de la démocratie délégative, avec tirage au sort, et ensuite éventuellement une nomination? En bref, cette petite histoire nous apprend à voir plus large qu'au travers des œillères d'un cheval. À mon sens, il faut tester ces alternatives à petite échelle, dans une commune par exemple, et voir si cela peut fonctionner.

Quel est encore le sens d'un parti au 21e siècle? On trouve des ouvriers libéraux et des chefs d'entreprise socialistes. Il y a des idées à droite, à gauche, et finalement plus aucun «packaging» contenu dans un programme de parti n'est possible. On peut être 32 % socialiste, 50 % libéral, 5 % communiste et 13 % écolo et n'avoir aucune option de parti entièrement satisfaisante.

D'après Aristote, l'homme est un animal social. Kaner nous montre (cfr. *supra*) dans l'analyse des techniques de facilitation qu'une bonne décision implique de combiner les intelligences de tout le monde, cela dans l'écoute de l'autre et dans le respect. N'est-ce pas là le début d'une réflexion plus profonde sur un chemin de réforme de la société? Le libéralisme prône la liberté de l'individu et amène dans sa forme la plus poussée, le néolibéralisme, à des inégalités profondes, donc ce n'est pas le modèle à suivre. Le communisme prône l'égalité parfaite, qui n'est pas possible non plus vu nos différences, et amène à un super-parti et à une oligarchie des ultra-riches et ultra-puissants. Faut-il rappeler sans cesse les heures de Staline, pour prouver que ce n'est pas la voie? Si on mêle les deux systèmes, on se retrouve avec un système pire encore, des inégalités de toutes parts et une liberté supprimée, une petite analyse de la Chine peut nous en convaincre.

Personnellement, je trouve qu'il faudrait réinitier une réflexion sur le concept de relation. Avoir des relations de qualité, donc être dans des groupes, qu'ils soient amicaux, sportifs, religieux... et toute politique doit viser à améliorer ces relations. Retrouver du partage, de la qualité de relation, tout en restant soi-même. Une sorte de modèle corporatif à construire, en repartant de la relation, avec comme but de créer une société qui favorise la qualité de cette relation. Quel est le sens également de tout décider en-dehors de l'enceinte démocratique, comme c'est le cas actuellement? Le principe d'un parlement est de pouvoir débattre, mais de débat, il n'y a plus, puisque les décisions sont prises en amont, dans les cabinets ministériels, et dans les enceintes des partis de la majorité ou pire encore dans les cabinets d'affaires mandatés par les lobbies. Peut-on encore parler de débat, lorsque les décisions sont prises en amont de l'enceinte démocratique?

La majorité d'entre nous sent qu'elle n'a pas d'action sur le pouvoir. L'animal politique qui est dans l'homme s'est éteint, on lui a donné du pain et des jeux, un peu d'argent de poche et la race s'est éteinte. Même une grève de plus de 100 000 personnes n'arrive pas à faire pas infléchir le pouvoir d'un iota. Il existe un ras-le-bol presque généralisé vis-à-vis de la conception politique actuelle. Le « tous-pourris » est ce que l'on entend le plus. Si plus personne n'y croit, quel sens cela a-t-il de la laisser perdurer?

Quand on voit le principe de conception d'une loi, en Europe, on s'aperçoit que l'essence même est décidée de manière technocratique par la commission européenne, et redescend pour être approuvée dans les différentes enceintes nationales. Qui peut dire à l'heure actuelle quel est le pays qui est à la présidence, qui est le responsable de la commission ou encore qui en est le président? Peu de monde, et même les personnes qui s'intéressent au sujet comme moi, sont perdues dans ce méandre d'inconnus

Je crois donc fermement à un autre système. Un système qui s'imposerait de la base, en partant du local, à la manière des PMV (produits minimums vitaux) du secteur informatique. Un système qui mettrait l'accent sur le lien, sur la nécessité d'en créer, de le maintenir, et de le vivifier. Complètement naïf, me direz-vous? Oui, complètement, je vous répondrais. Est-ce que vous croyez que le mouvement néo-libéral et les 0,01 % qui dirigent ce monde me laisseront faire? Certainement pas, ils contrôlent la presse, ils contrôlent les politiques, ils contrôlent les médias sociaux. Ils nous contrôlent.

Et pourtant, trois tendances clés me font penser que tout est possible, qu'un monde différent est possible:

- une prise de conscience des limites de la consommation: au départ on veut un moyen de locomotion, ensuite une petite voiture et puis une grosse voiture, ensuite un bolide, un hélicoptère, un avion, voire un bateau. On peut toujours avoir plus mais il y a peut-être une limite et c'est la limite que l'on se fixe à soi-même. Certaines personnes sont heureuses avec un vélo, d'autres malheureuses de leur avion, c'est une question de perception. Le monde épuise actuellement ses réserves naturelles plus vite qu'il ne les régénère. Mathématiquement, à un moment donné, il n'y aura plus rien. Alors, on s'arrête quand? On peut se poser tout de même la question de savoir si nous ne sommes pas dans une phase d'autodestruction volontaire. Car si la nature sera encore là dans des millions d'années, on est un peu moins certain du sort de l'espèce humaine;
- la tendance au partage des ressources: *crowdfunding, crowdsharing, crowdsourcing,* Airbnb, mouvement *open source,* l'économie collaborative est «tendance»... et je ne pense pas que

cela soit un effet de mode mais plutôt une évolution irréversible, qui ne pouvait exister 30 ans plus tôt car Internet n'existait pas. Internet offre des possibilités de collaboration inédites, de nouveaux modes de fonctionnement. Il permet de mettre en commun des savoirs et faire actionner les intelligences collectives. Les possibilités sont infinies. Bien utilisé, cela peut être vertueux, mal utilisé cela peut être très destructeur. On pourrait s'interroger sur le bien-fondé du respect de la vie privée de certaines sociétés, qui s'arrogent le droit de stocker nos informations privées, conversations privées, des informations sur notre personnalité dans des bases de données. Tout le monde l'accepte parce que les services rendus par ces sociétés sont gratuits. Mais ne perdons-nous pas une partie de nous-même en faisant cela? Le pouvoir de ces sociétés est effrayant. Facebook, notamment, a maintenant le pouvoir d'influer sur une élection américaine et ce depuis l'élection d'Obama. Ils ont le pouvoir de faire en sorte que telle information arrive avant telle autre et c'est extrêmement dangereux quand on sait qui finance Facebook. Le constat est le même pour Google qui a le droit de vous présenter les résultats de recherche dans l'ordre qui lui sied. Leur pouvoir sur l'opinion publique est énorme. Les solutions à ce niveau doivent être de promouvoir un Internet libre, le réseau appartenant au bien commun, et un respect de la vie privée. On en est très loin.

- le besoin fondamental de l'humain d'avoir et de créer des liens. *Homo sapiens* (Harari, 2015) s'est hissé au sommet de cette planète, grâce à sa capacité à coopérer, c'est donc un trait fondamental. Cela ne saurait structurellement perdurer. L'homme a besoin de coopérer et se révoltera si on l'en empêche. Mais la gouvernance néolibérale telle que nous la connaissons a déclaré le primat de l'individu sur le reste, le fondement est louable mais mène celui qui ne sait pas gérer cette liberté à une solitude extrême. Je suis libre, mais comme tous les liens sociaux autres que ceux de l'argent sont déconstruits, je suis seul. Il y a donc une contradiction entre la nature profonde du genre *Homo sapiens*, et le système sociétal majoritaire en vigueur actuellement. Il est donc nécessaire de recréer du lien, d'avoir des structures qui permettent de le faire, qu'elles viennent d'initiatives privées ou publiques, mais où les gens puissent interagir, sans nécessairement mettre la main au portefeuille. Il faut soutenir ces organisations et les faire proliférer.

La démocratie elle-même doit suivre ce mouvement de partage, c'est inéluctable. Le pouvoir doit venir de tous, pour tous. On peut un jour être le jury et, le lendemain, le jugé. Le lobbying de demain sera sur Internet, il ne s'agira plus de convaincre un ministre, un député, mais bien une masse de gens qui ne sont bien être informée des enjeux. Est-ce mieux que maintenant ? L'avenir nous le dira.

Le plan d'action global peut être le suivant :

1) appliquer le modèle à une collectivité locale, une commune, une municipalité. En discuter auparavant avec les élus, les membres, les volontaires ;
2) observer ce système, l'améliorer, itérer et obtenir un « produit fonctionnel » ;
3) diffuser le modèle aux localités motivées par le modèle ;
4) imposer le modèle au niveau local.

Et par après ?

S'inspirer des acquis du local pour modéliser le régional, qui est plus complexe, par définition, vu les enjeux économiques et la problématique du nombre. Cet essai propose un modèle à ce niveau pour lancer le débat et la réflexion.

Et après ?

On réforme l'international, l'ONU, l'Union Européenne… Et pourquoi pas finalement ? Il pourrait être assez drôle qu'un président « onusien » doive rendre des comptes à une assemblée citoyenne mondiale, tirée au sort.

Est-ce que l'État-nation est encore un mode d'organisation viable du monde ? Une organisation suprarégionale interconnectée, comme préconisé par Barber, est-elle une piste ? Certainement une voie. Le monde change, il se liquéfie, tout devient plus rapide, la communication, les lobbies, la richesse, la pauvreté et les institutions sont incapables de répondre à cette vélocité. Un monde liquide, et des institutions solides, voilà tout le problème résumé.

Les pistes sont infinies, les idées ne manquent pas et je vous invite à me soumettre toutes vos idées soit via ma page Facebook, soit via email (fabrice@lebmi.eu)

Bernard Shaw disait : « Si tu as une idée et que j'ai une idée, échangeons nos idées comme cela nous aurons chacun deux idées. »

Venez m'aider à nous aider ☺

#Disruptonslademocratie

11

Les FAQ
(Frequently Asked
Questions)

Mes relecteurs m'ont lancé des pistes de réflexion à propos de ce monde, elles leur appartiennent, je tiens juste à vous en faire part, et à en donner mon interprétation au regard de mes recherches. Je vous invite également à me faire part de vos réflexions via les réseaux sociaux ou par mail, si j'estime avoir une réponse censée, je vous en ferai part. Et si je suis assailli de questions, je ferai une deuxième version ☺ de cet essai.

Quid de la remise au travail d'un homme politique dans la vie active ? Le savoir-faire acquis, ne peut-il le réutiliser ailleurs ?

Barroso est-il sur le carreau ? Ils se sont retirés mais ont trouvé chaussure à leur pied. Le pouvoir donne des réseaux, des relations, dans des cercles bien placés. La reconversion logique d'un homme politique est souvent de devenir un lobbyiste voire un maître de conférence pour les plus populaires d'entre eux. Vous souhaitez avoir une allocution d'Obama, pas de problème, il faut juste sortir le chéquier.

Je ne suis donc pas trop inquiet pour la retraite d'hommes ou femmes de pouvoir. Je suis convaincu que la politique n'est pas un métier mais une mission d'intérêt général instant précis de la vie.

Quid des profiteurs ?

Grand débat.

Qui est le profiteur ? Quelle est la définition d'un profiteur ? Il peut être chômeur, voleur, riche, très riche.

Le chômeur qui simule une maladie pour ne pas rechercher d'emploi profite, tout comme le riche industriel qui fait de l'optimisation fiscale avec le Panama. Le profiteur n'est pas une histoire de classe sociale, mais un état d'esprit. Nous sommes tous, à un moment donné de notre vie, des profiteurs.

Je crois cependant au dialogue, à l'échange, et au bien-fondé de l'humain. Nous sommes actuellement dans une spirale sociétale négative, tout est crise, rien n'est bon, tout est pourri. Il faut qu'une spirale positive se réamorce. Et pour y arriver, je ne vois pas d'autres solutions que de changer le système.

Quid du mal ?

Mon tout dernier lecteur, avant impression du livre, m'a soumis la réflexion suivante :

« Ta proposition ne s'adresse qu'à des biophiles, des gens qui aiment la vie. Le monde est plein de tanathophiles (amateurs de mort) et ils ont le pouvoir, c'est dans leur nature de le prendre pendant que nous, les « Bons », tissons des relations de qualité. Pendant nos assemblées de communication non-violente, que ferons-nous des criminels, mafieux, sociopathes, psychopathes, pervers, schizophrènes fanatiques, idéologues, gourous, terroristes, et de tous les gens réputés normaux mais qui détiennent l'argent et nous tondent la laine sur le dos ? »

Si on commence à penser à tout ce qui peut mal se passer, autant ne rien commencer. Quand on lance une entreprise, on se pose aussi plein de question : est-ce un bon projet, est-ce qu'il y a un marché ? Et les réponses sont souvent négatives. Il faut prendre en compte le fait que les assemblées pourraient être plombées par des personnes mal intentionnées, et il faut que le système impose que le groupe soit supérieur à l'individu dans les processus.

Renouvellement des mandats : un troisième Obama ne vaut-il mieux pas qu'un Trump ?

Non, résolument pas. En 8 ans de pouvoir, Obama a eu le temps d'apporter ses idées, donner son impulsion et changer la partie du monde qu'il voulait changer. Les élections ont fait que Trump est passé. Il fera des bonnes lois, des mauvaises lois et on fera le bilan à la fin. Ce qui rend le système rassurant à ce niveau c'est qu'il aura maximum 8 ans pour faire du dégât. Le pouvoir corrompt et pervertit, un peu comme l'anneau dans *Le seigneur des anneaux* a pu corrompre Frodon. N'importe quel chevalier blanc n'a aucune chance de garder son âme intacte à la fin de l'histoire. En cas de prolongement, Obama aurait terminé corrompu, perverti, comme les autres. Par ailleurs, que pensez-vous des dirigeants de ce monde qui sont en place depuis très longtemps ?

Le modèle est envisageable à petite échelle, mais quid des grandes villes ?

Dans l'Antiquité, Athènes comptait 300 000 habitants, et faire une assemblée n'était pas un problème. Seule une commune en Belgique a plus de 300 000 habitants et c'est Anvers. Je ne pense pas qu'Anvers soit, à l'heure actuelle, une ville pilote potentielle pour une expérience démocratique…

Mettre en place un forum de discussion, ville par ville, n'est absolument pas un problème non plus, puisque Internet est prévu pour absorber les interactions de masse.

Il faut certainement, pour les grandes villes, imaginer une gouvernance quartier par quartier.

De toute manière, il faut pouvoir valider un modèle au niveau local. Cercle, forum, assemblée doivent être testés pour voir si l'intérêt général est mieux respecté, si la confiance revient et si l'on peut enfin avancer.

Une commune est certainement l'endroit où s'exprime le mieux la démocratie, pourquoi commencer par-là ?

Il est clair qu'un bourgmestre ne fait pas ce qu'il veut. Ses décisions sont scrutées à la loupe et ses concitoyens ont tous la possibilité de le rencontrer. Il y a donc une vraie proximité qui manque par exemple à des échelons supérieurs, particulièrement au niveau européen.

Il faut cependant « aider » ce pouvoir local pour qu'il ait plus d'options à sa disposition. Le pouvoir local sera plus à l'aise s'il a des idées qui émanent des citoyens en direct, et ce dans un processus continu.

La base, selon moi, est la création de commissions thématiques qui ont un réel pouvoir de décision. Si on met des citoyens dans des commissions pour leur dire « on va vous écouter » mais qu'il n'y a pas de suite, aucun citoyen ne passera du temps à cela.

Quid des votes blancs ? Les votes blancs ou la non-participation sont-ils une expression démocratique et comment les prendre en compte ?

Les votes blancs et la non-participation sont pour moi une expression démocratique. Celle du ras-le-bol du système.

Lorsqu'on additionne les votes blancs et les non-participants à un vote, il s'agit très souvent du « parti » majoritaire. Comment faire pour tenir compte de l'expression démocratique de la non-expression démocratique ? Actuellement on les retire, et on divise le gâteau entre ceux qui restent. À mon sens, une solution serait de transformer les votes blancs en sièges pour des citoyens tirés au sort par échantillonnage. Si vous votez blanc, alors vous acceptez que le sort décide pour vous. Concernant les partis, cela pourrait également changer la dynamique. Si plus rien d'intéressant n'est proposé, les gens pourraient sanctionner les élus. L'expression démocratique du vote blanc permettrait également d'éviter que des partis populistes engrangent le vote de protestation avec un discours clivant.

Quid de la compétence des personnes tirées au sort?

Fishkin aux États-Unis et Peter Deniel en Allemagne nous ont démontré qu'un public délibératif est susceptible de donner des bonnes décisions s'il est correctement formé et informé. Certes, ces personnes ont moins de formation qu'un universitaire ayant fait un doctorat en droit et ayant 10 ans de cabinet derrière lui. Personnellement, j'ai plus confiance dans un panel de citoyens tirés au sort qu'à l'universitaire qui a des comptes à rendre à quelques lobbys ou personnes ayant acheté une partie de son pouvoir.

Le tout-numérique permettrait de faire gagner du temps à tout le monde, mais quels sont ses risques?

Effectivement, le tout-numérique permet de gagner en réactivité, et de diviser drastiquement le coût des procédures actuelles. Comme précisé *supra* le coût de la consultation populaire sur le mariage homosexuel en Australie est de 88 millions €; c'est gigantesque pour une seule consultation. Une numérisation de la procédure aurait permis une diminution considérable du coût.

Les dangers principaux du tout-numérique sont bien entendu l'exclusion numérique mais aussi le lobbying propre à la manipulation de l'opinion. On pourrait imaginer des situations comme celle de la « *50 cents army* » chinoise où des groupes de pression paieraient pour obtenir une décision en leur faveur. L'essentiel est qu'il ne puisse pas mathématiquement le faire, ou que cela soit juridiquement punissable par la loi, dès lors l'effet lobby pourrait diminuer.

Un des autres problèmes soulevés par une votation *online* est la désinformation de la majorité des citoyens. La chose publique n'intéresse pas tout le monde. Dans l'ensemble des systèmes analysés, le taux de participation par rapport à la population globale tourne autour des 15-30 %. Que faire du reste? Si on oblige ces personnes à voter, elles ne prendront pas le temps de s'informer car cela ne les intéresse pas. Donc on aurait un vote à 30 % informé et 70 % non informé. Le risque de dérive est donc bien réel. Une solution pourrait être la mise en place du « vote liquide » et d'imposer que les votants aient participé au débat préalable pour pouvoir voter (Fuller, 2015).

Dire que les ultra-riches doivent rendre des comptes, n'est-ce pas du populisme?

Personne ne m'a posé cette question mais je me la pose souvent moi-même. L'exclusion est clivante et n'apporte pas une solution. Dire que c'est de la faute des ultra-riches ne fait pas avancer le débat.

Les ultras-riches profitent du système qui est en place pour tirer le maximum d'avantages, comme tout autre agent économique le ferait, et je ne les condamne pas pour cela. J'aimerais juste que l'on réagisse avant l'autodestruction de l'espèce humaine.

L'argent appelle l'argent et c'est glorifiant. Qui n'aime pas avoir une plus grosse voiture, un plus beau voyage? L'ultra-riche, lui, va hypothéquer, non pas sa vie, mais souvent l'état de la planète en général. À quand la prise de conscience? Les exemples ne manquent pas pourtant pour prouver que nous courons droit à la catastrophe, mais nous sommes tous un peu, aussi, des passagers clandestins.

Une piste de solution est aussi de définir un seuil maximum de patrimoine, et d'imposer à ce petit nombre d'ultra-riches de redistribuer leur richesse. Mais un ultra-riche s'occupe de problèmes mondiaux. Il devrait aussi être valorisé humainement pour cela. Sauver la planète, n'est-ce pas une noble cause pour une personne qui s'est hissée dans le «top 2000» de cette planète? À l'époque grecque, les ultra-riches finançaient les bateaux de guerre (Fuller, 2015), donc ils s'occupaient des problèmes globaux (sécurité de toute la cité dans ce cas). Cela pourrait être une piste.

Es-tu devenu communiste?

Non, je ne suis pas un communiste. Le communisme, et plus particulièrement la pensée originelle, le marxisme, est séduisant en théorie. Mais la pratique l'a amené à une dictature stalinienne en Russie par exemple, castriste à Cuba.

Sans entrer dans une analyse approfondie des échecs du communisme, dont je suis bien incapable d'ailleurs, je vois deux grands problèmes au communisme:

- l'absence d'une véritable liberté: sous un système communiste, l'homme n'est pas libre, il doit respecter un plan quin-

quennal, la dictature de son parti. Bien souvent, sous les régimes communistes, les voix dissidentes sont vite étouffées.
- La prééminence du parti. Un seul parti, souvent un seul dirigeant, j'appelle tout simplement cela une dictature. Donc un petit nombre d'individus décide de ce qui est bon pour la grande majorité.

Selon moi, les nouvelles approches communistes que l'on peut voir actuellement sont un non-sens. Un petit retour vers les livres d'histoires sur la révolution bolchevique ou le stalinisme permet de nous rendre compte que ce n'est pas la solution. Ce système a déjà été testé et est la preuve (morte et non plus vivante) de la différence entre une belle théorie (l'égalité parfaite) et sa mise en œuvre qui conduit à une dictature.

Le néolibéralisme a certes ses défauts, mais il t'a permis d'exprimer ta voix par le biais de ce livre.

La liberté est une des valeurs intéressantes du libéralisme, il ne faut pas non plus jeter le bébé avec l'eau du bain. Tout n'est pas mauvais, mais tout pourrait le devenir.

Je suis également conscient que j'utilise les produits des multinationales pour pouvoir diffuser cet écrit, que ce soit Amazon pour la vente en ligne, Google pour confirmer ou infirmer des choses, Facebook pour promouvoir le livre. Mais pour paraphraser Margaret Thatcher, TINA (« *There Is No Alternative* ») : le monde de l'édition est en crise, les lecteurs en chute libre, une place pour un inconnu n'est pas facile à obtenir. J'ai essayé avec un petit nombre d'éditeurs qui me plaisaient (c'est-à-dire que j'aimais leurs collections), simplement en fouillant mes livres préférés dans ma bibliothèque. À ma grande surprise, une maison s'est intéressée au projet, mais tout allait trop lentement, et je n'avais plus le temps d'attendre.

On peut en effet constater une montée des populismes, voire de l'illibéralisme (Victor Orban) ou encore d'une dictature technocratique déguisée.

Par voie du vote, nous allons avoir affaire à un sacré retour en arrière au niveau politique. Que ferons-nous quand des partis d'extrême droite seront majoritaires ? Retour de l'intolérance, mise à mal des libertés, de pas mal d'acquis… Les ultra-riches vont s'en sortir, ils ont une mobilité mondiale et placeront leurs pions dans les pays qui les arrangent, ils auront l'argent pour le faire. Mais les autres ?

Il faut aussi tenir à l'œil l'apparition de technocraties. Actuellement, certaines entreprises sont plus riches que certains États. Apple par exemple, qui est devenu quasiment une religion. La communauté Apple peut-elle devenir un État ? Les gens partagent les mêmes valeurs, tiennent le même langage, ont une culture commune, seule la notion de territoire change. Mais dans un monde où Internet permet de relier un grand nombre de gens, la notion de territoire a-t-elle encore un sens ? Est-ce que le lien à la terre est encore le lien fondamental, dans un monde en perpétuel mouvement ?

Un remplacement des États par une technocratie est-il utopique ? Un peu, mais c'est à tenir à l'œil. L'argent peut tout acheter, y compris un État ou une souveraineté.

Quelle est ta légitimité ?

A priori aucune, je ne suis pas sociologue, pas un chercheur en politique, pas un grand homme d'État, pas un philosophe. *A priori*, je ne suis donc rien, un simple pion de ce monde, je n'ai pour moi que ce sentiment d'insatisfaction, voire de révolte, ce sentiment qu'il faut faire autre chose, que nous virons vers quelque chose de très dangereux. Que ce soit le *big data*, les drones tueurs, la gestion de la vie privée, la dictature des riches, l'environnement, l'éducation… rien ne me convient. Surtout pour les générations futures, la révolution numérique en cours accélérant tous les flux d'une manière phénoménale. Un des espoirs de ce livre est qu'il plaise à un petit nombre, et qu'avec ce petit nombre on puisse construire, créer une spirale positive, un espoir d'autre chose. Et pour ceux qui n'y trouvent pas leur compte, je suis de toute façon prêt psychologiquement à recevoir les critiques, car elles me feront évoluer vers un modèle meilleur. Je suis intimement convaincu que la gouvernance est la clé, et que ce modèle articulé local, régional, international doit être pensé, testé et mis en œuvre.

12

Bibliographie/ Webographie/ Lectures recommandées

(Noir, 2017) : Benoît Schreuer, Enquête Noir Jaune Blues, 2016, vu le 29/01/2019 sur http://www.cecinestpasunecrise.org/content/uploads/2017/05/Noir-Jaune-Blues-Rapport-denquete-complet-Dec-2016-.pdf

(Hessel, 2010) Stéphane Hessel, « Indignez-vous ! », Indigènes Éditions. Colllection « Ceux qui marchent contre le vent », 2011

(Arriaga, 2014) Manuel Arriaga, « Reboot democracy : a citizen guide to reinventing politics ». Thistle Publishing, 2014

(Le Monde, 2012) Hélène Bekmezian « Surprise ! Les députés ne sont pas représentatifs de la population », Le Monde, 2012 vu le 29/01/2019 sur http://parlement.blog.lemonde.fr/2012/11/25/surprise-les-deputes-ne-sont-pas-representatifs-de-la-population/

(Pitsey, 2016) Jean Faniel et John Pitsey, « Globaliser la démocratie, pas la gadgétiser » Agir par la culture, 2016, vu le 29/01/2019 sur https://www.agirparlaculture.be/376-jean-faniel-et-john-pitseys-globaliser-la-democratie-pas-la-gadgetiser

(Oxfam, 2019) Rapport Davos 2019 Oxfam « Service publics ou fortunes privées », 2019, vu le 29/01/2019 sur https://www.oxfam-france.org/wp-content/uploads/2019/01/rapport-davos-2019-oxfam-services-publics-ou-fortunes-privees.pdf

(Figaro, 2013) Isabelle de Foucault « Le grand écart des rémunérations entre salariés et patrons à travers le monde » Le Figaro, vu le

29/01/2019 sur http://www.lefigaro.fr/conjoncture/2013/11/23/20002-20131123ARTFIG00235-le-grand-ecart-des-remunerations-entre-salaries-et-patrons-a-travers-le-monde.php

(Forbes, 2019) disponible sur https://www.forbes.com/profile/jeff-bezos/#1004e3441b23

(Forbes, 2018) vu le 29/01/2019 et disponible sur https://www.forbes.com/billionaires/?partner=rss#707829e5251c

(France, 2016) Antoine Guerrier, «L'extrême pauvreté recule dans le monde», France Culture, 2016 vu le 29/01/2019 sur https://www.franceculture.fr/societe/lextreme-pauvrete-recule-dans-le-monde

(Fuller, 2015) Roslyn Fuller «Beasts and Gods, How democracy changed its meaning and lost its purpose.» 2015, Zed Books.

(Corpo, 2016) «Le lobbying de Monsanto, une attaque contre notre planète et la démocratie», CoporateEurope, rapport disponible sur https://corporateeurope.org/sites/default/files/attachments/monsanto_lobbying_fr.pdf

(Le Vif, 2013) Thierry Denoël «Edmée de Groeve, encore bien d'autres casseroles», Le Vif, 2013 disponible sur http://www.levif.be/actualite/belgique/edmee-de-groeve-encore-bien-d-autres-casseroles/article-normal-91445.html

(Wiki, 2016) consulté le 29/01/2019 et disponible sur https://fr.wikipedia.org/wiki/Kazakhgate#Armand_De_Decker

(Le Vif, 2016) David Leloup, Des élus payés 500 euros la minute pour des réunions bidon chez Publifin, (Ex-Tecteo) vu le 29/01/2019 et disponible sur http://www.levif.be/actualite/belgique/des-elus-payes-500-euros-la-minute-pour-des-reunions-bidon-chez-publifin-ex-tecteo/article-normal-589067.html

(RTBF, 2016) Sara Hammo, avec Anne Blampain, «Barroso chez Goldman Sachs : la médiatrice européenne réclame des comptes à la Commission», RTBF, 2016, vu le 29/01/2019 sur https://www.rtbf.be/info/monde/detail_barroso-chez-goldman-sachs-la-mediatrice-europeenne-reclame-des-comptes-la-commission?id=9398621

(RTBF, 2017) Alice Dulczewski «Vous n'avez pas tout compris à l'affaire Publifin ? On fait le point», RTBF, 2017, vu le 02/02/2019 sur https://www.rtbf.be/info/belgique/detail_vous-n-avez-pas-tout-compris-a-l-affaire-publifin-on-fait-le-point?id=9521035

(Chambre, 2018), Chambre, Séance plénière, 25/4/2018, vu le 20/02/2019 sur https://www.dekamer.be/doc/PCRI/pdf/54/ip225x.pdf

(Bronner, 2013), Gérald Bronner, «La démocratie des crédules», PUF, 2013

(Figaro, 2016), Le Figaro avec, AFP, Le Figaro, 2016 vu le 02/02/2019 sur http://www.lefigaro.fr/flash-eco/2016/10/17/97002-20161017 FILWWW00112-credit-mutuel-les-journalistes-portent-plainte-contre-bollore.php

(Obs, 2008): «La Chine se paie des propagandistes à 50 cents» vu le 02/02/2019 sur http://observers.france24.com/fr/20080716-50-cents-people-infiltres-net-chinois-censure

(Sintomer, 2011) Yves Sintomer, «Petite histoire de l'expérimentation démocratique» La découverte, 2011, p. 40 à 80.

(Van Reybroek, 2014) David Van Reybroeck, «Contre les élections», Acte Sud, 2014

(CAI, 2014) Gualtieri Piero, «*Les pratiques institutionnelles de la République Florentine. Du regime del Popolo de 1282 à la réforme électorale de 1328*», *Revue française de science politique*, 2014/6 (Vol. 64), p. 1109-1121. DOI: 10.3917/rfsp.646.1109. URL: https://www.cairn.info/revue-francaise-de-science-politique-2014-6-page-1109.htm

(Osigwe, 2013) Uchenna Osigwe, «*Démocratie et consensus: le cas igbo*», Revue Phares, vu le 2/02/2019 sur http://revuephares.com/wp-content/uploads/2013/08/Phares-VI-08-Uchenna-Osigwe.pdf

(CH, 2018) pour plus d'informations concernant le processus de référendum consulter https://www.ch.ch/fr/democratie/droits-politiques/referendum/

(RTS, 2013) RTS, «Les zurichois refusent de justesse le projet de nouveau stade de foot», RTS, 2013 vu le 02/02/2019 sur https://www.rts.ch/info/regions/autres-cantons/5231138-les-zurichois-refusent-de-justesse-le-projet-de-nouveau-stade-de-foot.html

(PRE, 2017) disponible et vu le 07/02/2019 sur https://www.pressenza.com/fr/2017/08/citoyen-ordinaire-pouvoir-prise-de-decision-politique-assemblees-locales-dhabitants-suisse/

(UVM, 2018) Vermont Institute for Government «The Meeting will Come to Order» vu le 07/02/2019 sur https://www.uvm.edu/crs/resources/citizens/meeting.pdf

(VOI, 2019) schéma consulté le 21/01/2019 et disponible sur https://www.mavoix.info/

(FRAMA, 2015) Dominique Schiener, «La démocratie liquide, une véritable démocratie pour le 21 ème siècle», Medium, 2015 version française (attention il faut scroller un peu dans la page), disponible et vu le 02/02/2019 sur https://framablog.org/2015/12/09/democratie-liquide/

(Wiki, 2019) schéma consulté et vu le 20/02/2019 sur https://fr.wikipedia.org/wiki/Démocratie_liquide

(Wikipédia, 2016) résultats de l'élection 2016 disponibles et vu le 20/20/2019 sur https://fr.wikipedia.org/wiki/%C3%89lections_g%C3%A9n%C3%A9rales_espagnoles_de_2016

(Podemos, 2016) *Organisational principle, Podemos*, disponible et vu le 02/02/2019surhttps://podemos.info/wp-content/uploads/2016/11/Organisational_Principles.pdf

(HOLA, 2016) Brian J. Robertson, David Allen, «La révolution Holacratie, le système de management des entreprises performantes», Éditions Leduc, 2016.

(BUD, 2018) Budget participatif de Paris, Dossier de Presse, vu le 07/02/2019 et disponible sur https://budgetparticipatif.paris.fr/bp/plugins/download/BP2018-DossierDePresse.pdf

(UNU, 2017), cette capture d'écran vient d'une ancienne version datant de 2017, une vidéo de la nouvelle version est disponible sur https://unanimous.ai/swarm-for-teams/

(Seeley 2010), Thomas Seeley «Honeybee democracy», Princeton University Press, 2010

(BOU, 2013) Bouricius, Terrill G. (2013) *Democracy Through Multi-Body Sortition: Athenian Lessons for the Modern Day,* Journal of Public Deliberation: Vol. 9: Iss. 1, Article 1.

(SAI, 2019), schéma disponible et vu le 03/02/2019 sur http://www.mairiedesaillans26.fr/menu-principal/projet-communal/presentation-de-la-gouvernance-collegiale-et-participative/

(Positivr, 2015) Axel Leclercq, «Marinaleda, démocratie directe, 0 chômage et 0 misère», Positivr, Vidéo et article vu le 03/02/2019 sur http://positivr.fr/marinaleda-espagne-village-utopie/

(Ace, 2017) : Plus d'infos sur le thème, dans le très complet site internet http://aceproject.org

(CHE, 2018) un exemple parmi d'autres de calculateur d'un échantillon représentatif https://fr.checkmarket.com/calculateur-taille-echantillon/ hypothèse, 2 % de marge d'erreur et un niveau de confiance de 95 % vu le 06/02/2019.

(KAN, 2014) Sam Kaner «Facilitator'guide to participatory decision-making,», Editions Jossey Bass, 2014, p20

(Strat, 2017) Explications plus complète sur le site (vu le 06/02/2019) https://strategyzer.com/canvas/business-model-canvas

(TONG, 2015) Modèle disponible sur https://cdn2.hubspot.net/hubfs/4324540/Article/GovernmentServiceModelCanvasv0.1%20(14).pdf

vu le 06/02/2019 Les explications de mise en œuvre complète sont sur https://www.brightlemon.com/blogs/government-digital-services-business-tool

À mon sens, ce modèle est une base de travail, et non une fin en soi, le principe même est développer un canevas de décision, simple à comprendre, qui reprend toutes les composantes d'une décision, dans un format compact, par exemple une feuille A4.

(PAP, 2018) Explication et schéma disponible (vu le 06/02/20196) sur http://papapositive.fr/bonhomme-osbd-apprendre-cnv-parents-enfants/

 (Paris, 2017) Article vu le 06/02/2019 sur https://parismatch.be/actualites/societe/64244/australiens-invites-a-voter-contre-mariage-gay

(Wikipédia, 2019), disponible et vu le 07/02/2019 sur https://fr.wikipedia.org/wiki/Disruption_(économie)

(Ries, 2012) Erick Ries, «Lean Startup», Editions Pearsons. 2012

(Waldinger, 2015) : Étude du bonheur de Harvard disponible et vu le 07/02/2019 sur https://www.ted.com/talks/robert_waldinger_what_makes_a_good_life_lessons_from_the_longest_study_on_happiness?language=fr

(Harari, 2015) Yuval Nohah Harari «Sapiens, une brève histoire de l'humanité», Éditions Albin Michel, 2015

(Echo, 2016) Isabelle Couet, «Argentine, les fonds "vautours" raflent la mise», Les Echos, 2016 disponible et vu le 07/02/2019 sur https://www.lesechos.fr/03/03/2016/lesechos.fr/021741004963_argentine---les-fonds---vautours---raflent-la-mise.htm

(BAU, 2013) Zigmund Bauman, «La vie liquide», Éditions Pluriel, 2013

(Bar, 2015) Benjamin Barber, «Et si les maires gouvernaient le monde? Décadence des États, grandeur des villes» Éditions Rue Échiquier, 2015

(Alt, 2000), texte lu dans *Alternative libertaire*, 2000, p. 3, vu le 29/01/2019 et disponible sur http://www.anarchie.be/AL/pdf/230.pdf

13

Note de l'auteur

Comment suis-je arrivé à ce livre?

Ingénieur civil de formation, conseiller communal, jusqu'il y a peu, j'étais un « apathique politique », je votais, mais à la dernière minute, plus la personne, que les idées, plus l'image que le contenu, sans beaucoup de profondeur finalement.

Je dois mon réveil politique à deux facteurs, presque concomitants :

Le 9 novembre 2016, je me réveille en sursaut pendant la nuit et j'ouvre mon ordinateur portable; l'impensable venait de se produire : Donald Trump allait devenir président des États-Unis. Une seule réflexion de ma part : comment la première puissance du monde, se mettant souvent en évidence comme la société la plus démocratique, a-t-elle pu mettre à sa tête une personne misogyne, raciste, anti-environnementale, avec de surcroît un colistier créationniste? Quel est le facteur qui a engendré cela? Cela me perturbait…

Début décembre 2016, Ster-Francorchamps, Belgique, mes enfants se plaignent depuis trois semaines de la disparition du four à micro-ondes à la garderie de l'école, qui permettait de réchauffer les plats et donc d'avoir des repas chauds. Nous sommes dans une école communale, la cantine est impensable budgétairement parlant pour l'école et je me retrouve dans une sorte d'imbroglio politique local avec des excuses, des décisions unilatérales, et finalement pas de décision, et plus de repas chauds. J'avais voté pour ce parti, et finalement il ne me représentait pas. Frustration

Finalement je n'ai plus confiance dans le système, essentiellement, pas nécessairement dans les gens. Je dois même avouer une certaine compassion pour certains hommes politiques qui évoluent dans ce monde qui semble « tout pourri ». Ils ne sont pas tous pourris, ils sont simplement dans un mauvais système.

À quoi cela sert-il de voter, si c'est pour confier le bien public à des personnes qui ne le méritent pas. S'il faut être ami avec un politique pour voir des problèmes du type « four à micro-ondes » se résoudre, le monde ne tourne pas bien.

Ce dernier évènement m'a réveillé, finalement.

« Comment changer le système » est devenu mon obsession et ma passion. Il me fallait les derniers livres, les dernières thèses, les derniers sites avec un seul objectif, le système.

L'autre élément qui me motive énormément est de réfléchir à autre monde pour mes trois enfants, mon épouse et tous ceux qui m'entourent car je n'ai, actuellement, plus confiance en l'avenir.

En 2018, nous venons de connaître une période de sécheresse sans égale dans ma région natale. Je ne suis pas un expert du climat, mais je pense que lorsque l'on voit le barrage local, fournissant l'eau de toute la région, presque à sec, on se pose des questions aussi fondamentales que : est-ce que mes enfants auront accès à l'eau potable ? Sacré retour en arrière. Quand on se pose ce type de questions, beaucoup d'actes consuméristes deviennent totalement désuets.

Je ne suis vraiment pas fier du monde que l'on va laisser aux générations futures, et j'espère que cet écrit pourra contribuer à changer un tout petit peu les choses. Et comme je crois en l'effet papillon, ce petit bout de chose, fera peut-être bouger de plus grandes choses.

Cela fait certes un peu « Bisounours », comme déjà évoqué, mais j'ai la naïveté et l'espoir de croire que l'on peut encore faire quelque chose. Et avec de l'espoir, on peut déplacer des montagnes, non ?

14

Remerciements

Je tiens en premier lieu à te remercier toi, lecteur, d'avoir pris le temps de lire, ce qui est un premier essai, d'un auteur inconnu, j'espère que tu y as trouvé matière à réflexion, une idée, ou une interrogation par rapport au monde dans lequel on vit.

Je remercie également toute ma famille, Laurence, Lina, Tim, Emmy, car j'ai une relation assez autistique avec mon clavier une fois que je suis lancé. J'ai promis solennellement de revenir parmi la société une fois l'essai publié.

Je remercie tous mes relecteurs, à commencer par mon premier lecteur, que j'ai scandalisé totalement dans un petit village de Provence, quand après une partie de pétanque, je lui précisais, que je n'avais plus confiance dans les élections, et que je préférais le tirage au sort.

Je remercie quatre acteurs importants de la phase finale, Gaetan et Crap pour la partie texte, Daniel pour la partie couverture et les schémas, ainsi que Carine pour la maquette.

Je remercie également mon contributeur éditorial, Patrick Bartholomé, qui m'a permis de terminer ce travail, et d'assumer la transition vers un ouvrage finalisé.

Table des matières